José Salvador Carrasco Rico

FRUSTRACIÓN Y
TRIUNFO

*Cuando la tragedia se
convierte en oportunidad*

ISBN 978-0-9825883-5-2

ÍNDICE

INTRODUCCIÓN

El 20 de noviembre de 1984, Blue Demon y yo regresábamos a casa; habíamos visitado a Salvador Carrasco en el hospital de traumatología del Centro Médico Nacional apenas unos días después de su accidente. Conocíamos a Chavo desde niño. Blue Demon me comentó: "Creo que Chavo todavía no asimila la magnitud de una pérdida tan grande." Hizo un breve silencio y continuó: "Sin embargo, tengo la certeza de que este gran dolor lo hará trascender." Y no se equivocó. Este libro es tan sólo una muestra.

Alejandro Muñoz Lomelí *(hijo de Blue Demon)*

Cuando conocí a Chavo en la pista de atletismo del deportivo Jesús Martínez "Palillo", vi una nueva luz en mi vida que me hizo recuperar la confianza en mí mismo e intentar volver a correr, lo que conseguí con mucha facilidad gracias al ejemplo y apoyo de mi gran amigo, Salvador Carrasco Rico. Tiempo después recibimos los uniformes de la primera selección nacional de atletas amputados y logramos la hazaña de ser los primeros en lograrlo. Trece medallas conseguimos quienes integramos esa histórica primera selección nacional de amputados.

Teniente Coronel DEM **José Antonio Cazares Ayala**

Chavo sueña despierto. Entrena en un estadio vacío, el Palillo Martínez, pero él lo imagina lleno, que compite con el escudo mexicano por delante y que rompe el listón después de correr los cien metros en un suspiro. Quizá este sueño se convierta en realidad, ya que Salvador Carrasco está a una décima de conseguir la marca tope (13.80 segundos) para asistir a Atlanta 96, en los paralímpicos.

Suena el disparo imaginario y el velocista de 26 años sale impulsado por su pierna derecha y una prótesis que sustituye, desde hace varios ayeres, su pierna izquierda.

Su amor por el deporte le llegó desde la niñez, cuando admiraba al rey Pelé en un cartel que aún permanece pegado en la pared de su habitación. Quería ser futbolista profesional o atleta de talla internacional.

Chavo no sólo se metió de corredor. Fundó la Asociación Mexicana para Atletas y Personas Amputadas, de la cual es presidente, y ha logrado que se les tome en cuenta para lograr un boleto para Atlanta 96.

Existe la posibilidad de que Salvador Carrasco acuda a las pruebas de Sydney, Australia, donde buscará dar la marca que le asegure cumplir con sus sueños.

Juan Carlos Vargas
El Nacional
20 de diciembre de 1995

Exitosa participación de los atletas mexicanos con prótesis que participaron en el campeonato australiano donde consiguieron 13 medallas... Salvador Carrasco retornó de Sydney con tres medallas... la participación de los muchachos ratifica que el deporte adaptado mexicano está dentro de los mejores a nivel mundial. Ellos demostraron su calidad al superar sus propias marcas y conseguir su clasificación dentro de los mejores del mundo.

Ovaciones, 2 de abril de 1996

Dedicatorias

- *A mis hijos, para que nunca se rindan ante la adversidad.*

- *A mi padre, por estar siempre conmigo, por ser un gran hombre a quien poder tener como ejemplo.*

- *A mi madre por darme la vida.*

- *A mamy, por ser una gran mujer y por educarme con cariño y esmero.*

- *A Guisela, muy en especial por mostrarme los motivos para terminar este libro, por entregarme su amor y ser la mujer de mis sueños.*

- *A Equipovisión por difundir esta historia.*

- *Y a los lectores, para que siempre luchen por sus sueños.*

CAPÍTULO 1

El destino

Son las siete de la mañana del viernes 16 de noviembre de 1984 y apenas termino de bañarme. Es un poco tarde para salir de casa y presentarme por fin a la misa que cada primer viernes de mes convoca la preparatoria Zumárraga, donde estudio el bachillerato. La sede es la iglesia del Sagrado Corazón, y la ruta más rápida para llegar a Gabriel Mancera y Torres Adalid (donde se ubica la también llamada iglesia de la Virgen del Tránsito, por la enorme efigie de brazos abiertos que se encuentra en la cúpula) es el trolebús que viaja en contraflujo por eje 4 sur.

El mes anterior yo equivoqué la dirección y me presenté en otro sitio, así que esta vez sí quería llegar, no tanto por devoto sino por cumplir con mi nueva escuela y, claro, para divertirme con mis amigos en las dos horas que teníamos libres antes de la primera clase.

Pantalón beige; camisa, no recuerdo; una corbata azul marino de mi papá y un suéter nuevo. No hay tiempo para desayunar así que sólo bebo un licuado; son ya las 7:20 y la misa comenzará en punto de las 8.

–¡Ya me voy, papá!

–¡Qué te vaya bien! –contestó, y salí de casa corriendo como si tuviera prisa por llegar adonde sólo Dios sabe que llegaría ese día.

Mi condición física es buena, pues mis sueños giran en torno al futbol, y parte de mi preparación para lograrlo es correr todos los días en el parque de la colonia con Jorge Macías, un amigo de la secundaria. Dábamos entre 20 y 30 vueltas (12 a 18 km) y a veces poco más, pues también nos preparábamos para correr la II Maratón Internacional de la Ciudad de México.

¡Vaya prueba tan dura la maratón, es para locos! pero también es una experiencia fabulosa: es el reto del hombre a no declinar ante una meta que parece muy lejana y difícil de alcanzar. Recuerdo que ese 23 de septiembre, cerca del kilómetro 20, quise detenerme y marchar a casa, pero sabía que era como decir "no" a un sueño, así que decidí continuar. Fue justo cuando me encontré con Jorge. Por tener números diferentes le había tocado en otro lugar y no nos habíamos visto hasta ese momento; al verme, se sumó a mi decisión de continuar otros diez kilómetros. Más adelante, sería él quien me animara a continuar; mis papás y hermanos me encontraban cada cinco o seis kilómetros y me gritaban palabras de aliento. De hecho, en una de esas ocasiones tuve que cambiar de tenis pues mi falta de experiencia me hizo correr con los que no eran adecuados y los pies me dolían mucho. En los últimos kilómetros parecía que nuestra voluntad estaba siendo vencida por la fatiga física pero, afortunadamente, esa lucha entre voluntad y agotamiento duró lo suficiente como para que llegáramos al último tramo de la competencia.

Lo recuerdo muy bien: comenzó donde se encuentra el edificio de la Lotería Nacional, en la esquina de Bucareli y Reforma, y desde ahí se veía la meta al pie del monumento a la Revolución. Los gritos de la gente y de mi familia fueron una inyección de energía suficiente para correr los últimos metros con una soltura que se hubiera pensado que apenas comenzaba la carrera. Así llegué a la ansiada meta; cuando la crucé y me colgaron la medalla que merecía por el sólo hecho de haberla terminado, sentí ese sabor tan difícil de describir con palabras que provoca lograr un objetivo, vencer obstáculos, cansancio, sol, sed, y más cansancio. Fue en ese momento que comprendí que no importa cómo ni cuándo se cruce una meta: lo que en realidad importa es nunca decaer y siempre poner nuestro mejor esfuerzo.

El lunes entré a la prepa luciendo mi medalla, todos mis amigos la vieron y escucharon mi historia. Estaba tan cansado que esa semana no quise jugar futbol; eso era muy raro, pues yo nunca perdía oportunidad de jugarlo. Lo practicaba también todas las tardes con mi amigo Juan Gavidia, quien vivía casi frente a mi casa. Él es apenas dos años menor que yo pero desde que llegué a esa colonia nos entendimos muy bien y vivimos juntos innumerables aventuras de adolescencia. Fumamos juntos el primer cigarro y escondíamos la cajetilla dentro de un poste de luz; fuimos juntos por primera vez a una discoteca a los 16 años y también fue con él con quien tomé mi primera cerveza y con quien gocé la felicidad de ver a nuestro equipo coronarse campeón tres veces seguidas. También compartíamos los sueños de formar parte de un equipo de fútbol de primera división. ¡Vaya tiempos aquellos!, no pasaba una tarde sin que con él, mi hermano Marcos y Miguel Gutiérrez, otro amigo de la cuadra, jugáramos la "cascarita" en la calle, con un par de piedras para señalar las porterías, y los equipos de costumbre: Marcos y Miguel contra Juan y "Chavo" (así es como me llaman mis familiares y amigos). Jugábamos por horas, rompimos no sé cuantos vidrios de los vecinos pero era muy divertido y sano. Además, sin pecar de vanidad, no era malo para el "fut"; jugué en varios equipos infantiles y juveniles pero la meta era la primera división, por supuesto. En algunas ocasiones usábamos la puerta de entrada de un vecino que nos lo permitía como portería, pero frente a él vivían un par de señoras que nunca les gustó que jugáramos frente a su casa, como si jugar fútbol fuera un pecado. De hecho creo que en cada calle de esta ciudad hay una persona así, que poncha los balones a los niños o sale corriendo a decomisarla.

El fútbol era más que un sueño para mí: era lo que yo quería hacer en la vida. Pero, mientras cumplía la edad necesaria, yo quería hacer una carrera deportiva así que, cuando "Gazú", mi amigo de la preparatoria, me invito a participar en la Carrera de la Salud que organizaba el IMSS, no dudé en aceptar. Esa carrera me enseñó que toda prueba en la vida debe tomarse con seriedad, pues yo hice lo contrario y confundí la ruta, de tal forma que, cuando pensé que faltaban 500 metros para terminar la carrera, comencé mi cierre pero ¡sorpresa!: la carrera terminó justo 50 metros después. ¡Vaya chasco!

Esa mañana, después de beber mi licuado, salí de casa rumbo a la parada del trolebús. Al dar la vuelta en la esquina, me encontré una lata en el suelo y mi mente se trasladó de inmediato a un estadio de futbol. La lata se convirtió en un balón y yo en el delantero del mejor equipo de la primera división; la pateé hacia el ángulo de la portería enemiga y ¡goool! Soñé despierto. Seguí mi camino y me acercaba cada vez más a mi destino sin saber que la vida me tenía preparada una inimaginable sorpresa.

Llegué por fin a la parada del trolebús, ya eran las 7:35 y no llegaba el transporte público que circula en el carril de contraflujo en los ejes viales de nuestra ciudad. Los dos que habían pasado estaban completamente llenos hasta que, por fin, se paró uno de ellos, igual de lleno pero al menos se detuvo. Ni hablar, hay que hacerse espacio en la puerta entre toda la gente que se empuja para conseguir viajar en él y llegar a tiempo, así que me sujeté con fuerza del tubo y coloqué mis pies justo en el límite de la puerta pero, justo antes de arrancar, una señora subió detrás de mí y la dejé pasar. Yo quedé justo al borde del estribo. El chofer arrancó para evitar que más gente subiera; el trolebús andaba muy despacio y en la esquina más próxima, a sólo 100 metros de la parada, sucedió: un automóvil salió de la calle, lo vi, era color naranja y su conductor era un hombre que sólo miraba hacia el sentido del eje. Recordé las palabras de mi padre cuando me daba clases de manejo: siempre voltea a ambos lados antes de arrancar, así que fijé la vista en el conductor del auto, y su mirada seguía fija al lado contrario. Nunca vio el trolebús donde yo viajaba y que circulaba en su carril de contraflujo. En fracciones de segundo supe que, si ese auto arrancaba sin que su conductor volteara, nos impactaría... Nunca lo hizo, arrancó y se impactó justo en la puerta donde yo viajaba. Salí disparado no sé cuantos metros, caí al suelo pero nunca perdí el conocimiento. Ahí estaban ya los acostumbrados mirones, rodeando al auto, al trolebús y a mí; miré cada una de las caras de espanto.

–¡No te muevas! –gritaban–. ¡No te muevas!

Fue entonces cuando me senté y miré mis piernas: la derecha estaba estirada y la izquierda ensangrentada, la rodilla no tenía la misma forma y el pie... el pie no estaba ya pegado a mi cuerpo, apenas se sostenía por un pequeño pedazo de carne.

–¡Papá! –grité– ¡Papá!, ¿dónde estás, papacito? Ven, ayúdame. –Un grito que, hasta hoy, cada vez que lo recuerdo hace estremecer todo mi cuerpo.

Una señora se hincó junto a mí y apoyó mi cabeza en sus piernas.

–Cálmate –me decía, mientras otra persona me preguntaba mi número telefónico para avisarle a mi padre.

–No te preocupes, ya viene la ambulancia –decía la señora–, ya verás que pronto estarás bien.

Yo miré al cielo y, con una furia infinita, grité:

–¿Por qué a mí, Dios mío, por qué a mí que soy deportista?

Esta pregunta rondaría mi cabeza por muchos años. Momentos después llegó mi papá. Al recibir la llamada, salió corriendo de casa y sacó fuerzas no sé de donde, pero no se detuvo hasta llegar a mi lado.

–Hijito –dijo al verme–. Pidan una ambulancia, por favor, tranquilo "m´ijo", ya viene la ambulancia –decía, mientras corría de un lugar a otro con la desesperación de ver a su hijo desangrándose en el suelo y con un pie casi totalmente desprendido. Entonces, le dije:

–Ven, papá, ya no te muevas. Quédate junto a mí, me siento mal.

Mi padre se arrodilló junto a mí, me tomó en sus brazos y yo repetí la pregunta:

–¿Por qué a mí, papá, por qué a mí que soy deportista?

–Hijito, no te preocupes, te vamos a llevar al hospital. Con lo avanzada que está la medicina, verás que te van a pegar tu pie y vas a poder correr bien.

Mi padre hablaba, acariciaba mi cabeza y me frotaba los brazos. Durante todo ese tiempo yo había permanecido consciente, miraba y sentía todo lo que me estaba ocurriendo.

De pronto comencé a sentirme enfermo: las manos se me engarrotaban y fue entonces cuando comprendí la gravedad de mi accidente, y que no sólo estaba a punto de perder mi pie, sino también la vida. Se nos hacían largos los minutos mientras esperábamos a la ambulancia; la mirada de mi padre era desoladora y parecía pedirle al cielo que se cambiaran los papeles y que fuera él y no yo el que estuviera tirado en el suelo, o como si le pidiera al mismo Dios, a quien yo le reclamaba, que nos despertara de esa pesadilla.

Cuando al fin llegó la ambulancia, los paramédicos sujetaron con vendas la pierna a un cartoncillo; trataron de ponerme suero pero no lo lograron. Papá sólo repetía: "al Centro Médico, por favor" y trataba de calmarme, mientras los paramédicos, al ver la gravedad de mis heridas, sólo pensaban en llegar pronto al hospital.

Yo seguía pidiéndole a Dios que me permitiera seguir mi camino, que se había equivocado de hombre en ese accidente y que no era yo quien debía estar en esta situación. Por fin llegamos y entré al hospital en una camilla; un socorrista gritó:

–¡Es urgente, atiéndanlo pronto, trae el pie desprendido y perdió mucha sangre!

Fueron muchos los doctores y enfermeras que me atendían en una cama de choque, que es donde se recibe a los pacientes politraumatizados en las salas de urgencias de los hospitales. Los médicos exploraron, murmuraron y decidieron, pero yo no sabía a qué conclusión habían llegado. Lo último que supe fue que me inyectaron en el brazo derecho y que un médico me indicaba que me iban a operar. Después me pasaron a otra sala, donde alguien me pidió que contara hasta 10 y me dormí. Seguramente fueron momentos de gran angustia para mi papá. Mi familia ya venía en camino. Mi mamá se enteró unas horas después y llegó junto con mi mamá Mina. Todos lloraban, rezaban y caminaban en la sala de espera; mi tío Gabriel hacía lo imposible por localizar al doctor Mario Silva Lombardo, amigo de él y subdirector del hospital. Quería que él diera su opinión y, de ser posible, que se hiciera cargo de mi caso, y así fue. Ordenó que nadie me tocara hasta que él me valorara. Poco tiempo después llegó con el doctor Federico Villegas Ayala, quien fue el encargado de mi caso y quien decidió el destino de mi pierna.

Cuando desperté no podía mover ni un dedo; apenas podía mantener los ojos abiertos. Era una sala con luz tenue y llena de silencio que, lejos de tranquilizarme, sólo hizo más evidente mi miedo y desesperación, además de la incertidumbre de qué había ocurrido con mi pie. Traté de incorporarme pero fue inútil por los efectos de la anestesia, así que apenas pude musitar "señorita, papá, doctor"... Nadie respondió, como si nadie quisiera que yo lo supiera. Después de una eternidad, pasó por allí la enfermera.

–Señorita, ¿qué pasó con mi pie?

–No lo sé, toda tu pierna está vendada y no puedo ver.

Me volví a dormir.

Para entonces, ya toda mi familia se encontraba en la sala de espera. Mi papá preguntaba a todos los médicos si perdería el pie pero nadie lo sabía con certeza. Yo estaba en una de las camas de cuidados posquirúrgicos y tampoco lo sabía.

No podía imaginar cómo sería no tener una pierna. Desde pequeño fui muy inquieto, era intrépido y me gustaba subirme a todo lo que se pudiera (y aunque no se pudiera). En los juegos tubulares de los parques hacía malabares en la punta más alta; los barandales de las escaleras eran para mí como resbaladillas y me deslizaba por ellos sentado, acostado o parado de cabeza; incluso en las escaleras del metro yo bajaba deslizándome por las láminas que hay a un lado de las bandas, mientras mi mamá gritaba:

–¡Chavo, no hagas eso, te vas a caer!

Para mí, las ventanas estaban hechas para subir a ellas, escapar de la casa o saltar como superhéroe con una toalla amarrada al cuello a manera de capa; en más de ocho ocasiones, mis aventuras terminaron en la sala de urgencias de la Clínica 28 del Seguro Social. Desde la infancia salía a jugar fútbol a la calle de Perfeccionada, donde viví la primera parte de mi infancia, en un principio al lado de mis padres y más tarde con mi madre, ya que ellos se divorciaron cuando yo tenía ocho años. Tiempo después nos mudamos con papá y su esposa a Tlatelolco, donde continué con mis travesuras y juegos intrépidos como correr a toda velocidad con la avalancha por los pasillos, que estaban cubiertos por un techo sostenido por estructuras de hierro.

En una ocasión, durante una "cascarita", una patada mandó al balón al techo y yo subí por él. Así descubrí que ese techo se conectaba con otros más y podía recorrer desde arriba toda la sección de la unidad. Había también una pista de patinaje en donde chicos de todas las edades se reunían para jugar coleadas y, por peligroso que fuera y no obstante la prohibición, lo hacíamos cada vez que los guardias se alejaban.

La secundaria, lejos de tranquilizar mis ímpetus aventureros, provocó que las odiseas fueran aun más peligrosas. A la hora del descanso escalaba la barda del enorme patio, justo tras los árboles que lo rodeaban y que a mí me encubrían, y me salía a la tienda de la calle de atrás a comprar dulces, papas y refrescos que me encargaban mis compañeros para ahorrarnos algún dinero. Quizá lo más temerario que hacíamos era esperar el tren en las vías de ferrocarril Hidalgo, correr a su lado, sujetarnos de la escalerilla de los vagones de carga y subirnos para que nos llevara quién sabe a dónde. Regresábamos en camión o en el tren de vuelta. En una de esas ocasiones, la vida me dio un aviso de lo que me tenía preparado porque el tren nos llevó muy lejos y, cuando pasó el de regreso, intenté subir a la escalerilla del vagón pero mis manos no soportaron mi peso. Me resbalé y caí junto al tren. Afortunadamente logré arrojarme a un lado, pero mi pie rozó una de las ruedas metálicas del tren y estuvo a unos centímetros de quedar atrapado entre la vía y la rueda. Tardé más de 30 minutos en recuperar el aliento. Pero no entendí el mensaje y seguí subiendo al tren.

Volví a abrir los ojos y me sentí más alerta, de modo que le dije a la enfermera que deseaba ver a mi padre. Intenté incorporarme pero aun me pesaba mucho la cabeza, no sé si por la anestesia o por temor de descubrir lo que había ocurrido, pues hasta ahora nadie me lo había informado. Mi padre entró a verme, escudado tras una gran armadura para intentar esconder su profundo dolor. A pesar de su fortaleza, sus ojos me dijeron que estaba sufriendo, pero se armó de valor y me dijo:

–Salvaron tu rodilla, pero no el pie –me abrazó y los dos contuvimos el llanto, pues queríamos darnos fuerzas–. Hijo, no te preocupes, ya me dijeron que te van a poner una prótesis y muy pronto podrás hacer todo de nuevo.

Yo, que no soportaba el sufrimiento de mi padre, me tragué mis lágrimas y le contesté:

–Lo imaginé, no te preocupes, papá, estaba consciente de lo que podía pasar.

Al moverme para abrazarlo, miré mi pierna y vi un gran vendaje que terminaba unos centímetros por debajo de la rodilla. Después, nada. Mi pie izquierdo había sido amputado y con él mis sueños de ser un futbolista profesional. Seguí abrazando a mi papá mientras pensaba que Dios no me había escuchado. Nunca vi llorar a mi padre ni él me vio llorar a mí por la pérdida de mi pie, pero sólo Dios sabe cuántas veces habrá llorado él y cuántas veces lloré yo por dentro sin poder expresar lo que verdaderamente sentía, lo enojado que estaba con la vida, con Dios y con el mundo; los gritos de desolación que guardé para mí mismo, los reproches, los temores, los traumas. Pero al día siguiente, a pesar de lo que había pasado conmigo, amaneció otra vez y me di cuenta de que la vida seguiría su curso conmigo o sin mí, y yo sólo tenía dos opciones: seguir con ella o quedarme quieto a verla pasar. Decidí subirme al carro de la vida y tolerar el problema mientras encontraba una solución.

Mi familia no lo asimiló tan fácilmente. Para ellos era muy duro pues no encontraban la manera de ayudarme, ni yo la manera de pedir ayuda. A partir de ese momento, el lenguaje verbal fue sustituido en gran parte por un lenguaje corporal: no se preguntaban cosas relacionadas con mi sentir, sólo se interpretaban o intuían. La única información concreta que recibí se refería a las cirugías: había sufrido una doble fractura en el fémur y luxación de la rótula, que había sido reconstruida con cuatro clavos (que aun permanecen en su sitio) y el invaluable esfuerzo de los médicos.

Al día siguiente me subieron al cuarto piso a continuar con mi recuperación. Era un cuarto blanco y gris que medía apenas lo justo para que cupieran seis camas (tres a cada lado) y un pasillo. Las camas estaban separadas por un pequeño buró, una silla sencilla y delgadas cortinas. Las sábanas olían a los lamentos de los tantos pacientes que pasaron por este hospital. Hacía frío. Mi cama era la 419 y estaba del lado derecho, pegada a la ventana que daba a uno de los jardines del Centro Médico; en la cama de junto estaba un joven que había chocado con su auto y parecía estar muy lastimado; en la cama de enfrente estaba don Panchito, un alegre señor como de 55 años que había sufrido una fractura en una pierna y lo habían operado; junto a él estaba el señor Carlos, un hombre como de 60 años que había sufrido un accidente de trabajo y a quien operarían por segunda vez del tobillo. Los cuatro fuimos compañeros de cuarto por varios días.

El primer día fue fatal y se resume en intensos dolores, curaciones, miradas compasivas, gritos desgarradores de pacientes que estaban peor que yo, y el comentario de una persona que visitaba al muchacho de junto:

–Dale gracias a Dios que estás completo.

–¡Shhhh! –dijo la mamá mientras me señalaba con el gesto, pues sabía que yo no había corrido con la misma suerte.

A todo ello habría que sumarle el profundo dolor de sentir que había perdido parte de mi vida y ver la cara de tristeza de mis padres disfrazada de sonrisa teatral. Ése ha sido el peor día de mi vida pero, al siguiente día, me volví hacia la ventana y comprendí que la vida seguía su paso. Yo pertenecía a la vida y tendría que continuar mi camino. La pérdida del pie era cosa del pasado y ahora tenía otras preocupaciones: ¿Cómo era la prótesis?, ¿cuándo me pondrían la mía?, ¿cuándo la podría usar?, ¿cuándo me llevarían mi televisión?, ¿me permitiría la trabajadora social jugar atari? Por turnos me cuidaban mi papá, mi mamá y Mamy (la esposa de mi papá, con quien vivíamos mis hermanos y yo desde hacía más de cinco años y con quien habíamos formado un vinculo fraternal). Admiro el esfuerzo de ambas por convivir dada mi situación. Hacían relevos durante todo el día pues, por ser menor de edad, alguien debía estar conmigo las 24 horas. Mis hermanos Marcos, Julián y Memo eran menores que yo y no los dejaban pasar, pero mi amigo Juan Gavidia sí lo logró; de hecho, una vez que ya tenía la televisión y el atari, Juan se encargó de llevarme los juegos de video más novedosos. Sus visitas era como si estuviera a punto de regresar a jugar fútbol con él en la cuadra. También recibí la visita de primos y tíos. Quienes no pudieron visitarme me hicieron llegar su apoyo a través de cartas, como la de mi primo Gustavo o la de Mario, el hermano de Mamy, y la de ella misma, mis hermanos y el escudo del América que por atrás tenía escritas las palabras de mi hermano Marcos, que me pedía regresar pronto a casa porque me extrañaba. Era como si de pronto me hubiera convertido en el centro de la familia; como si todo funcionara en torno a lo que sucediera conmigo, y eso para mí era un gran compromiso. No podía "rajarme".

Mara, esa niña hermosa de la secundaria que me traía "de un ala", fue a visitarme; su sonrisa era encantadora y, al verla, yo sólo podía sonreír igual. Era la más bonita de la secundaria y yo había intentado que fuera mi novia por lo menos un par de veces antes de que me visitara. Me llevó una paleta de cereza con chicle en el centro y platicó conmigo por un buen rato, mientras veíamos en la tele un programa de videos que presentó la nueva canción de Emmanuel, Pobre Diablo. Lo recuerdo muy bien pues yo solía confundir el título con Pobre Demonio y eso le causaba mucha risa a Mara. Sin duda, su presencia transformó mi estancia en el hospital, pues delante de ella no podía quejarme de nada y tenía que mostrarme como un hombre fuerte, incluso cuando entró el carrito con los tubos de ensayo empujado por una señorita que preguntó:

–¿Salvador Carrasco? –Yo, ingenuamente, levanté la mano y dije:

–¡Presente!

–Necesitamos hacerte unos estudios y te vamos a sacar sangre.

No sabía lo que era eso, así que dispuse mi brazo y, de pronto, ¡aaauch! De verdad dolía y pensé que me dejarían sin sangre después del tercer tubo. Después le prometí a Mara que pronto iría por ella a la escuela caminando, a lo que ella respondió:

–Sólo si después me llevas a tomar un helado.

A partir de ese momento, comencé yo mismo mi rehabilitación.

Primero fue la silla de ruedas. La llevaron a mi cuarto al segundo día de estar allí.

–Salvador, esto es para que salgas a dar una vuelta por los pasillos y, si quieres, puedes ir a bañarte.

Bañarse en la cama resulta realmente incómodo; primero, porque lo hacen enfermeras de práctica y son muy jóvenes; segundo, porque con una esponjita frotaban por todos lados y sólo me cubría un pequeño taparrabos. Yo tenía que aguantarme la vergüenza y hacer como que no pasaba nada. Sin embargo, no fue mejor el primer baño en regadera. Mi papá me acompañó para ayudarme y moverme sin lastimar la herida; teníamos que cubrir la férula y los vendajes con una bolsa de plástico, y pasarme de la silla de ruedas a la silla de la regadera. Resultó bastante doloroso y yo además tenía miedo de lastimarme; el agua era tibia y se enfriaba por momentos, así que los dos primeros días terminé agotado.

Sólo tardé unas horas en aprender a manejar la silla de ruedas. Después, recorría los pasillos a toda velocidad, con los gritos de las enfermeras detrás de mí:

–¡Niño, te vas a caer o vas a tirar a alguien!

Era divertido, pero al siguiente día caí en cama porque se me presentaron fiebres muy altas e inexplicables, que no cedían ante los medicamentos. Me tenían desnudo, con una delgada sábana que apenas me cubría lo necesario para no ser impúdico, con bolsas de hielo en la frente y en el abdomen. Un poco más tarde, se acercó por el pasillo el peculiar sonido del carrito del laboratorio y sus tubos de ensayo. Yo comencé a sudar por el temor de que se dirigieran a mí y así fue: era la enésima vez que me tomaban una muestra y yo no podía escapar aunque, siendo sincero, traté de hacerlo un día cuando la encargada de tomar las muestras preguntó:

–¿Salvador Carrasco?

–Ya no está –le conteste. Ya se retiraba cuando una inoportuna enfermera le preguntó a quién buscaba. Se derribó mi acto y me sacó sangre, con una sonrisa que no podía distinguir si era por la broma o por burla ante mi cara de espanto. Mientras tanto, me suministraron antibióticos y un antipirético; por la noche, la fiebre había provocado una hemorragia nasal que nos tuvo en vela a mi papá, a la enfermera y a mí. Vomité dos veces la sangre que llegaba a mi estómago, hasta que me pusieron un tapón que controló la hemorragia.

La fiebre cedió al día siguiente. Finalmente descubrieron que era probable que en el paquete globular se me hubiera transmitido una fiebre tifoidea, así que me administraron el tratamiento necesario y yo aproveché el pretexto para que la trabajadora social se sintiera en deuda conmigo y me cumpliera el capricho de comer tacos de bistec, en lugar de esa comida tan insípidamente sana de los hospitales.

Una vez superada la terrible noche, recuperé mi ánimo cuando "Blue Demon", el famoso luchador, me visitó en la cama del Hospital de Traumatología y Ortopedia del Centro Médico Nacional. Es emocionante que alguien tan reconocido se tome la molestia de visitar a un muchacho sólo porque le han amputado una pierna. Médicos y enfermeras tampoco perdieron la oportunidad de saludarlo. "Demon" era un gran personaje pero, debajo de su máscara, había también un gran ser humano; diez años más tarde me otorgó una beca para que fortaleciera mi cuerpo en su gimnasio de las calles de San Cosme.

Allí se impartían clases de lucha libre y el maestro de maestros era el mismísimo "Blue Demon" quien, a pesar del retiro profesional, seguía subiendo al ring para demostrar cómo se hacía una llave perfecta; su fuerza parecía ser la misma de sus años mozos, no había alumno alguno que pudiera romper una de sus llaves, sus músculos eran más fuertes que los de cualquiera, su integridad moral era imponente y nunca manchó la imagen de su mascara, que conservó hasta el día de su repentino e inesperado fallecimiento. Donde quiera que esté, muchas gracias por todo lo que me enseñó.

En los 16 días que estuve hospitalizado sólo pensaba en lo que sucedería cuando saliera de allí; no sabia cómo me recibirían mis amigos; ignoraba cuándo me pondrían mi nueva pierna ni qué podría hacer con ella, si podría caminar como antes, correr, jugar al futbol; cómo se vería, ¿de mi color?, ¿se notaría mucho la diferencia?, tal vez hasta podría tener vellos como la otra pierna... También me preocupaba el regreso a la escuela, yo cursaba el primer año de preparatoria con mi primo Arturo y mis amigos Alberto Ontiveros, "Gazú", Gonzalo y Jorge Estringel, entre otros. Con Alberto y Jorge convivía también en los ensayos de la estudiantina, que dirigía nuestro gran amigo y compañero Alfonso Ordóñez. Por cierto, también me preocupaba el uniforme de la estudiantina, pues era de pantalones a la rodilla (nikers) y obviamente no sabía si los iba a poder usar.

El día del accidente, mi papá llamó a la escuela para avisar lo sucedido al profesor Oropeza, el subdirector eterno que, cuando quiso retirarse, sólo lo logro un par de años ya que le pidieron volver para hacerse cargo de la prepa pues su capacidad superaba por mucho a cualquier otro. Era una persona impresionantemente culta que sabía casi de todo e investigaba lo que no sabía, impartía la clase de moral y de etimologías grecolatinas. Conocía a cada uno de sus alumnos a la perfección así que nadie lo podía engañar; él fingía que lo engañaban y pasaba por alto lo que consideraba irrelevante pero, cuando se trataba de dar un escarmiento, era capaz de hacer llorar en público y pedir disculpas al más bravucón y rebelde de la preparatoria; era amante de la literatura y su obra favorita era Don Quijote de la Mancha, se sabía todos sus poemas de memoria y los recitaba en toda ocasión. Me identifiqué con el Quijote porque ambos somos soñadores y se convirtió en uno de mis personajes favoritos. El profesor les contó a mis compañeros de salón lo sucedido y oró con ellos por mi salud y pronta recuperación.

Como a los cinco días de estar en el hospital, y ya convertido en un as en el manejo de la silla de ruedas, me escapaba a todos los pasillos del hospital, eso sí, con mi botella de suero a un lado. Jugaba "arrancones" e incluso estuve a punto de caer hacia atrás al intentar uno más veloz, pero apenas comenzaban los retos: el doctor llegó ese día con la fabulosa idea de que ya debía levantarme y usar las muletas. ¡Qué experiencia tan extraña levantarse y caminar con el par de muletas, pasar junto a un espejo y mirarse en él: una cabeza, dos brazos, un cuerpo flaco y agotado, dos muletas, un pie y, junto a él, un manojo de vendas que cubren una pierna incompleta! Es un duro golpe pero hay que afrontarlo con la realidad por delante y el espíritu de campeón que sostiene este cuerpo que parece desfallecer; es la única manera de no permitirle al fantasma de la depresión entrar a nuestras mentes y se apodere de nuestras fuerzas, de nuestras ganas, de nuestro futuro, de nuestro amor, de todo. Adelante, hay que pasar por encima de lo que se presente sin detenerse a pensar por qué.

Resultaba difícil pensar que podría existir un futbolista sin un pie, o un maratonista con una pierna de palo, pero yo lo imaginaba vagamente. Así di mis primeros pasos con las muletas; primero ellas, después yo, hasta que me agotara y tomara un descanso.

–¡Oh, no! –dijo una enfermera–, ¡que Dios nos agarre confesados con este muchacho en las muletas! ¡Si en la silla eras un desastre, no quiero imaginarme lo que vas a hacer con esas cosas!

No estaba muy lejos de la realidad, pues en un par de días aprendí a usar tan bien las muletas que no hacía otra cosa que correr por el pasillo del cuarto piso de traumatología, para sorpresa de propios y extraños. Mi mamá no se cansaba de decirme:

–¡Chavo, te vas a caer y te vas a lastimar, hijo, por favor! ¡Te puedes lastimar más!

Finalmente terminaron las curaciones. La doctora a cargo no creía que fueran tan dolorosas pero sí lo eran. Una vez le dije en broma que dolían más que un parto.

–¿Qué sabes tú de los dolores de un parto? Nunca has tenido uno –respondió.

–Nada, pero ¿qué sabe usted de los dolores de estas curaciones? Nunca le han hecho una.

Sólo sonrió y, aunque ese chiste no era mío sino de mi tío Alfredo, me funcionó en varias ocasiones. Las curaciones eran la principal causa de los dolores que se presentaban durante toda la noche y que no me dejaban descansar; eran el mal de todos los que compartíamos el cuarto. Para sobrellevarlo nos veíamos en la necesidad de inventar historias que nos contábamos durante el desayuno.

–¿A dónde se fue de parranda anoche, señor Armando? -preguntaba al vecino de la cama de enfrente.

–Al Bombay, y si vieras qué bien me la pasé, bailé toda la noche y me eché como diez cubas, por eso hoy me duele todo. Y tú, ¿a dónde te escapaste, mi Chava?

–A una fiesta, bailé como tres horas con todas las muchachas –ése si era un buen chiste, porque yo nunca he aprendido a bailar.

Cada día una historia diferente, ¿qué más se puede hacer en un hospital? Soñar dormido y despierto. El propósito es no dar espacio a la mente para pensar en lo mal que uno se siente en ese lugar, lejos de la familia, de los amigos, lleno de incógnitas, con la incertidumbre de qué pasara al salir del hospital, si el problema se resuelve al salir de allí o es sólo el principio de un largo camino por recorrer que acabara quién sabe cuándo… La fórmula para superar el reto es entereza, cordura y mucha paciencia.

CAPÍTULO 2

De regreso en casa

Finalmente llegó la hora de darme de alta, como si ése fuera el punto final a la amarga experiencia que estaba viviendo. Me despedí de todas las enfermeras, de todos los médicos del piso y de los compañeros antiguos y nuevos del cuarto donde había pasado los últimos 16 días. Me dirigí en la silla de ruedas hacia el elevador seguro de que, al salir, todo el sufrimiento se quedaría en el cuarto piso del hospital. Tenía la esperanza de que, al respirar el aire cotidiano del mundo exterior, se renovara mi estado de ánimo y me contagiara de vida.

El día era soleado, pero con ese sol otoñal que espera recibir al invierno, y soplaba un aire frío que traspasó los vendajes de mi muñón y subió por todo mi cuerpo. La gente veía mis piernas y fijaban su mirada en donde no encontraban una de ellas, pero cuando se percataba de que yo me daba cuenta, disimulaban sin verme a los ojos, como si se sintieran apenados por sentir esa curiosidad. Ahora comprendo que es completamente natural: la gente mira mi pierna mientras yo miro a quien no tiene un brazo, a quien tiene una rara cicatriz o una nariz enorme. No es por morbo sino por una curiosidad natural ante lo que no es común. ¿Quién de nosotros no lo ha hecho?

Subí a al parte trasera del auto y me senté de lado abarcando todo el asiento, pues aún tenia la férula por la fractura del fémur. Todavía me dolía el brazo por el catéter y tenía muy pocas fuerzas, pero estaba contento por regresar a casa y dedicarme a mi recuperación. También estaba decidido a continuar con mis estudios y no perder el año escolar.

Camino a casa, mi papá evitó pasar por el sitio del accidente, aunque sin duda era el camino más corto. Llegamos a casa como a la una de la tarde, así que mis hermanos y mis amigos estaban aún en la escuela. Me recibió Lady, una perra pointer color miel que mi papá había comprado un año antes y que me acompañaba todas las mañanas a correr al parque, así que seguramente me había extrañado tanto como yo a ella.

La casa era de un solo piso; originalmente mi recámara estaba después del patio de la cocina, pero por comodidad me habían asignado el cuarto de mis hermanos, que estaba más cerca de la sala y del baño. También quedaba más cerca de la habitación de mis papás. Me recosté un rato en la cama, prendí la televisión y agradecí el placer de estar en casa, con el exquisito aroma de los guisos caseros que anunciaban lo sabroso que comería ese día, mientras esperaba la llegada de mis hermanos y de Juan y Miguel. Ahora la rutina había cambiado, pues esa tarde no podría salir a la calle; sin embargo, me entusiasmaba saber que recibiría varias visitas, entre ellas la de Mara, a quien días antes del accidente le había pedido una vez más que fuera mi novia (como todas las niñas de esa edad, su respuesta había sido "déjame pensarlo, después te digo"). Yo había perdido un pie pero no la memoria, así que seguía esperando la respuesta. La llegada de mis hermanos fue sin duda muy emotiva, pues soportaron el impacto de verme tendido en una cama y sin un pie, pero me miraron a los ojos y así me confirmaron que lo único importante era que yo estaba de nuevo en casa y que era el mismo de siempre. Jorge estaba muy pequeño para darse cuenta de la realidad y le dijimos que con magia yo me podía quitar y poner el pie, pero Marcos y Julián ya no eran tan pequeños y parecían comprender los cambios, aunque lo tomaron con relativa naturalidad.

De hecho, una vez peleamos Marcos y yo, y él reacciono ante mis insultos con un jalón de la muleta derecha que me hizo caer al suelo. Todos se asustaron mucho y a mí me dolió la pierna, pero creo que pensó que nunca caería, que lo que me había pasado no era tan grave y que yo podía con ello. Cuando me levanté y quise desquitarme, corrió por el pasillo porque sabía que lo alcanzaría, gracias o a pesar de las muletas, con o sin un pie. Aprendí que no hacían las cosas por mí porque estaban seguros de que podía hacerlas por mí mismo.

La primera comida en casa después del hospital me supo a gloria. Me di cuenta de que la vida me había brindado la grandiosa oportunidad de disfrutar nuevamente de una comida en casa. Más tarde, muy arreglado, me dispuse a salir a la sala para esperar a las visitas. La primera fue, por supuesto, de Juan, después Miguel y por fin llegó Mara. Se sentó junto a mí en la sala y platicamos por horas con el árbol de Navidad encendido, hasta que llegó la noche. Juan y Miguel se fueron antes, pero mi papá se sentó con nosotros a platicar y después se ofreció para llevar a Mara a su casa, así que mi respuesta seguía en espera. Pero más tardó mi papá en regresar que ella en llamarme desde su casa para darme por fin el "sí", que a la postre se convertiría en una marca en mi proceso de rehabilitación y en mi vida.

Los primeros días en casa no fueron exactamente como los imaginaba. En el hospital siempre había alguien junto, pero en casa las cosas regresaron a la normalidad. Aunque mi papá trabajaba casa la mayor parte del tiempo, en ocasiones tenía que salir y Mamy tenía la ardua labor de tener la casa en orden y preparar la comida para los cinco hombres que vivíamos allí. Además debía cuidarme, así que por momentos me encontraba solo en mi habitación, acompañado únicamente por el sonido de la televisión que, por cierto, no me entretenía en absoluto. Leí algunos libros que me regalaron y releía las cartas que me habían enviado al hospital; lo único que esperaba era la cita con el ortopedista para que me retirara la férula y me dijera si ya podía mandar a hacer mi prótesis. Mientras tanto, mi papá ya comenzaba a investigar dónde podía mandar a hacer una prótesis que me devolviera la vida que me habían arrebatado ese 16 de noviembre, y yo ocupaba los minutos en soñar con mi nueva vida e imaginar que con la prótesis podría realizar todo lo que quisiera, incluso jugar al futbol, hasta me pregunté qué pasaría si pateaba el balón con la prótesis pues yo era mejor pateador de zurda. Tal vez la prótesis golpearía el balón con mucho más fuerza, tanta que ningún portero podría detenerla, pero entonces quizá no me permitirían jugar porque representaría una ventaja ilegal de mi parte, o tal vez la prótesis saldría disparada y yo tendría que ir a buscarla brincando por todo el campo de juego, o tal vez ni siquiera podría tocar el balón… ¿se poncharía? Al final nada de eso importaba: lo único que quería era jugar fútbol otra vez.

CAPÍTULO 3

La recuperación

Llegó la hora de ir a la consulta, así que me puse un pantalón de pana color café que mi tío Gabriel mandó hacer para estas ocasiones. Era un pantalón normal pero en la pernera izquierda tenía unos broches para abrirla desde el pie hasta la mitad del muslo, para que no fuera necesario quitarme el pantalón en la revisión. ¡Vaya comodidad! agradezco a mis tíos que se preocuparon por mi bienestar; mi accidente les afectó tanto como si yo fuera su propio hijo. No hay uno solo que no me haya brindado su apoyo y que no se alegre de verme totalmente recuperado. Cuando llegamos al consultorio, los doctores mostraron asombro ante mi sonrisa e incluso cancelaron la interconsulta con psicología porque consideraron que no lo necesitaba. Subí a la mesa de exploración, abrí mi super pantalón y los doctores comenzaron a retirar las vendas de la férula. Revisaron primero la herida, que estaba casi perfecta salvo por un pequeño punto que no había cerrado del todo, después vieron las radiografías y me pidieron que flexionara mi rodilla.

–Excelente –dijo el doctor–, te vamos a retirar la férula pero no te apoyes durante otras cuatro semanas más, para que tu hueso termine de sanar.

–¡Un mes! –respondí, sorprendido–. Y... la prótesis, ¿cuándo la puedo usar?

–Hasta después de ese mes –contestó el doctor.

–Pero si me la hacen y no la apoyo hasta que usted me diga... –refuté.

Fue tanta mi insistencia que el doctor autorizó que me hicieran la prótesis con la condición de no apoyarla hasta después del 16 de enero, me dio el pase para rehabilitación y me citó dentro de un mes. Salí feliz, pues tenía la esperanza de estrenar la prótesis para Navidad y comenzar a verme otra vez completo.

Nos dirigimos a varias casas ortopédicas donde nos ofrecieron diferentes tipos de prótesis, desde las más modernas hasta las más obsoletas. Nosotros, inexpertos en el tema como lo es toda persona que por vez primera necesita una prótesis, nos creíamos "todo y nada" de lo que decían los protesistas; el peregrinar se extendió por varios días hasta que, por fin, nos decidimos por una tienda que se encontraba a sólo tres minutos de nuestra casa. Hoy considero que debemos elegir a la persona que hará una prótesis por su capacidad comprobada, su preparación y por contar con la certificación de su asociación; de otra manera nos exponemos a engaños, robos y frustración cuando nos entregan una prótesis que sólo sirve para rellenar el hueco de nuestro pie y para estar guardada en el clóset. Sugiero al lector que nunca dude en pedir referencias y que tenga cuidado cuando le ofrezcan una prótesis de gran calidad por poco dinero, ya que le pueden dar gato por liebre.

CAPÍTULO 4

La primera prótesis

Cuando llegó la hora de la primera cita con el protesista, yo estaba nervioso. Entré a un consultorio donde me esperaba una cubeta con agua, varias vendas de yeso y algunos otros artefactos. Después entró el especialista con su bata blanca y me pidió que descubriera el muñón, me untó crema en la piel y comenzó a marcar con un lápiz especial sobre los puntos de referencia del muñón, las salientes óseas y donde él me explicó que debía apoyar la prótesis. Era un sistema llamado técnicamente PTB (Patelar Tendon Bering), que en español se llama Apoyo en Tendón Patelar. Como su nombre lo indica, todo el peso de mi cuerpo se apoya en el tendón de la rótula y ya no se usa (o no debe usarse) en la actualidad.

Comenzó a enredar varias vendas de yeso sobre el muñón y lo cubrió por completo; las dejó secar un poco, mientras marcaba los detalles con sus manos, hasta que tuvieron una consistencia más firme, y entonces comenzó a jalar el yeso hacia abajo. Se desprendió de la piel, como tapón de sidra, y ya tenía el molde de mi muñón. Un par de días después debía regresar para la prueba del socket, que es la parte de la prótesis donde se aloja el muñón; llegué temprano a la cita. Me puso en las manos un molde parecido al de yeso pero de resina, que por dentro tenía la forma de mi muñón. También me dio otro igual pero en un material flexible que se llama pelite, era de color rosa y con un olor muy singular. Me entregó un par de medias parecidas a las femeninas pero más gruesas, y me ayudó a introducir mi muñón en el pelite, y éste a su vez en la pieza de resina.

–¿Cómo lo sientes? –preguntó.

–Pues… bien, pero no sé qué debo sentir.

–Sólo que no te lastime –agregó.

–No, no me lastima.

Después me paró junto a un aparato con unos aros transversales donde introduje el muñón con todo lo que me había colocado, midió la altura que se requería y eso fue todo. Nos citó una semana después.

Fue una semana de larga espera, días muy extraños en los que toda la familia trataba de adaptarse a las nuevas circunstancias de mi vida; tal vez era yo quien más ansiaba esa prótesis, pero no era el único. Era como si, cuando pudiera estrenarla, la vida de todos nosotros regresara a la normalidad; es más, tal vez hasta la de los vecinos, incluyendo a Juan y a Miguel, ya que la calle no era la misma sin ellos jugando fútbol pues preferían jugar con el atari en mi casa. Las más beneficiadas de todo esto tal vez fueron las viejitas de enfrente, ya que por algunas semanas se libraron de los gritos y pelotazos a su puerta pero, para su desgracia, mi convalecencia no fue eterna. Esos días yo estuve en casa la mayor parte del tiempo y recibía algunas visitas de familiares y vecinos. A ratos salía con una silla a la calle para tomar Sol y aire fresco. Era muy extraño cuando la gente me saludaba pues me daba vergüenza mostrarme ante ellos sin una pierna, así que no salía por mucho tiempo. Sin embargo, llegó el momento de mi primera cita con Mara y yo al principio traté de retrasarla pues no imaginaba cómo sería si no podía caminar. Ni siquiera tenía una prótesis. Pero entonces se lo comenté a mi primo Arturo, que estaba de visita, y él se ofreció a pasar por mí en el coche de mi tío para acompañarme con Mara, claro está, con la única condición de que ella invitara a una amiga. Así fue. Mara llegó a mi casa acompañada de Angélica, su vecina, y poco después llegó Arturo. Yo usé uno de los pantalones con broches de color café, doblado un poco más abajo de donde llegaba mi muñón para que no se viera la venda; las muletas, por si las necesitaba, estaban en la sombrerera, pero preferimos pasear en el auto por la avenida Insurgentes hasta que encontramos una heladería Danesa 33 y Arturo se bajó con Angélica a comprar unos helados. Mara y yo comimos helado de ron con pasas. Regresamos hacia la casa y nos detuvimos junto al parque para terminar de comer nuestros helados.

Arturo y Angélica comenzaron una plática personal con tanta confianza que parecía como si se conocieran de siempre. De hecho, antes de retirarnos del parque ya eran novios y así tuvimos oportunidad de volver a salir los cuatro juntos.

La Navidad cada día estaba más cerca y no sabía si para entonces ya tendría la prótesis, aunque fuera sólo para cubrir el hueco. Por tradición celebrábamos las navidades con mi abuelo paterno y cada año se alternaba la casa entre mis tíos. Años después, mi papá me dijo:

–Cómo olvidar que fue en casa de tu tío Gabriel, si ese día te entregaron la prótesis y de regalo de Navidad la estrenaste para la cena. En el brindis tradicional de Navidad yo agradecí a todos tus tíos el apoyo que me hicieron sentir durante todo el proceso después de tu accidente.

Recordé entonces la escena. Todos en la sala nos pusimos de pie y miramos al abuelo en espera de su brindis, que fue el mismo de siempre:

–Quiero dar gracias a Dios por tener esta familia tan grande y tan unida.

Entonces nos confesó que, cuando él estaba joven y se quedó sin padres, temía que la familia Carrasco desapareciera, pero que Dios le había dado la bendición de tener una hija y cuatro hijos, los cuales habían procreado puros varones con excepción de Vicky e Ivonne, y que la familia, lejos de extinguirse, se había multiplicado, porque cada uno de mis primos tuvo más hijos y la mayoría son varones, así que, de cinco descendientes, hoy somos más de 30 y los que vengan.

Después hablaron mis tíos Gabriel, Tere, Ricardo y Arturo. Mi papá, por ser el menor, habló al último. Fue entonces cuando, con ojos humedecidos, dio gracias a Dios porque me estaba recuperando y agradeció el apoyo de mis tíos. Yo fingí que no escuchaba para no tener que hablar con el nudo en la garganta y romper esa barrera que había colocado entre la depresión y yo. Esa noche, la sidra me sirvió para tragar mi amargura al saber cuán afectado estaba mi papá, aunque delante de mí siempre mostró una gran fortaleza que no tuve más remedio que imitar. Fue para mí, y seguramente para toda mi familia, una de las navidades más sombrías que recuerdo, porque cuidaban que las bromas no me afectaran y todo el mundo se preocupaba por mi comodidad. Cuando el abuelo repartió los sobres tradicionales con el aguinaldo para cada miembro de la familia, desde los hijos hasta los bisnietos pasando por las esposas de cada uno de los casados, los nombró uno a uno y les entregó el sobre en mano, hasta que dijo:

–¡Niño Salvador Carrasco Rico!

Y alguien se levantó a recogerlo por mí. Por unos segundos, el barullo se convirtió en silencio. Aunque por fuera dibujaba una gran sonrisa, por dentro me sentía derrumbado. Sentía un profundo dolor, como no lo había sentido desde el accidente. Tal vez era por la fecha tan especial o tal vez porque ya no podía seguir ocultándolo de mí mismo. Aunque mi fuerza de voluntad era muy grande y había enfrentado con optimismo el reto de perder una pierna, y aunque ante la familia siempre mostré una sonrisa para hacerlos sentir mejor, no podía negarme a mí mismo que me dolió hasta el alma tener que renunciar a todos los sueños deportivos que había construido durante toda mi infancia y parte de la adolescencia. Esa noche festejábamos el nacimiento de Cristo, el día de los milagros, el día en que llegaba Santa Claus, a quien yo sólo le hubiera pedido lo que realmente deseaba: que fuera sólo un sueño y que despertara al día siguiente con mi pie. Pero, como eso era imposible, mi único deseo fue que mi familia encontrara consuelo y que no sufriera por mí.

Aunque aún no tenía permitido apoyar la prótesis y caminar con ella por la fractura de la rodilla, el hecho de tenerla puesta ya significaba un progreso para mí; al menos ya podía empezar a trabajar con mi imagen corporal. No verme como un amputado ante la gente y esconder mi realidad con una pierna artificial, un calcetín, pantalón y zapatos, y eso parecía hacerme sentir mejor, aunque ahora pienso que no fue del todo positivo pues creo que me adelanté al proceso y no permití que mi mente madurara y asimilara mi nueva realidad. Con la prótesis bajo el pantalón hasta yo mismo me engañaba y confundía a mi mente, pues, mientras por un lado trataba de aceptar mi nueva condición, por el otro trataba de ocultarla y esto fue un conflicto que permaneció en mí por muchos años. Ahora sé que lo que debí hacer era afrontar mi condición de amputado y aceptarme a mí mismo con y sin mi prótesis, para así sentir que la gente me aceptaba de igual forma. Una cubierta cosmética o un pantalón largo, por mucho que puedan dar un aspecto real, no cambian en nada la condición, las habilidades o los sentimientos de una persona, ni la hacen menos o más de lo que es.

Lo que realmente puede cambiar la condición de vida de un amputado es superar poco a poco las barreras físicas y psicológicas que se crean con una amputación. Con esa actitud no se desarrollarán complejos ni resentimientos como los que yo enfrenté y que me privaron por muchos años de hacer una vida plena y feliz. Un amputado tiene que encontrar su valor en la actitud que demuestre ante los retos de la vida, y tiene que valorarse igual con o sin su prótesis.

Terminaron las fiestas navideñas y con ellas las vacaciones de la escuela. Era momento de volver a la preparatoria, un suceso muy importante para mí, un regreso después de casi dos meses de ausencia sin saber qué decían mis compañeros de mí y cómo responderían cuando me vieran entrar. Era regresar al mismo mundo pero sin saber si yo todavía era parte de él.

Me levanté muy temprano porque no quería que algún contratiempo con la prótesis me hiciera llegar cuando todos los demás ya estuvieran sentados e interrumpir la clase con mi entrada. Era similar al día que entré con la medalla del maratón colgada al cuello, sólo que esta vez los nervios eran por temor y no precisamente por orgullo, como en aquella ocasión. No había un uniforme estricto en la preparatoria y lo único prohibido eran los pantalones de mezclilla. Yo me vestí con uno de los pantalones cafés de pana con broches que mi tío me había regalado, acompañado por una chamarra de mi papá. No es que yo no tuviera otra chamarra, sino que llevar algo de mi papá era como tenerlo junto a mí y eso me daba seguridad.

Después de desayunar tomé mis muletas y me dirigí a la puerta, donde mi papá me esperaba para llevarme. Resultaba obvio que quisiera hacerlo, el pretexto fue que aún usaba muletas, pero la verdad es que mi papá siempre sintió culpa por no haberme ido a dejar el día de mi accidente, sin comprender que no hay poder humano que evite el destino. Él me contó que despertaba sobresaltado por las noches después de soñar que justo ese día me llevaba a la escuela y que nada de esto pasaba; imagino que esa angustia le ha durado por años y que el pensamiento de que pudo evitarlo lo acompañará toda la vida, sobre todo por el gran padre que es, dedicado a velar por su esposa y sus hijos. Siempre procuró protegernos, pero debía comprender que, así como en mi infancia me dejaba subir a los juegos tubulares de los parques, debía ir a la preparatoria por mí mismo, aún en esta ciudad tan conflictiva. Para muchos resultaría vergonzoso que el papá los llevara hasta la escuela, pero en verdad es muy cómodo. Es cierto que al hacerlo solos se corre un riesgo mayor, pero es parte de la vida. En mi caso, nadie de nosotros fue culpable y sólo caminé por donde debía caminar. Pese a todo, mi papá procuró que, desde ese día, yo no volviera a abordar un trolebús para ir a la escuela, y así lo hizo por muchos años más, mientras estuvo en sus manos.

Al llegar a la preparatoria, me acompañó casi hasta la puerta del salón porque había que subir una escalera para llegar. Al entrar, los pocos compañeros que ya habían llegado colocaron un pupitre cerca de la entrada, para que no tuviera que pasar entre los estrechos pasillos. Alberto Ontiveros no sólo me saludó, sino que me dio un abrazo fraternal y me dijo:

–¡Qué bueno que ya regresaste, justo a tiempo para los últimos ensayos de la estudiantina! Tocamos a finales de enero en la Academia Moderna.

Era una escuela de señoritas que sería apadrinada por nosotros en su noche colonial y con quienes ya antes habíamos tenido varias convivencias, una de las cuales me perdí por estar convaleciente.

–Ya me preguntaron por ti nuestras amigas y estarán contentas de verte, así que ponte al corriente con las canciones; mañana te paso las que te faltan –dijo Alberto.

Comenzaron a acercarse los demás para hacer todo tipo de preguntas. Alguien preguntó:

–¿Cómo es tu prótesis?

Para saciar la curiosidad de todos los presentes, desabroche los botones del pantalón y descubrí la prótesis: era de color entre rosa y beige, con un calcetín café hasta la mitad de la pantorrilla; redonda y completamente lisa, llegaba justo a la rodilla y se sujetaba a mi muslo con un cinturón que tenía que apretar bien si no quería que se me saliera.

Mientras ellos la veían, yo les explicaba cómo fue que la hicieron y me adelanté a decirles que aún no podía apoyar la pierna, para que no me pidieran la demostración de funcionamiento. Poco después entró el maestro de trigonometría, quien me saludó con una afectuosa palmada. Era el más regañón de los maestros pero esta vez dibujó una sonrisa en su rostro, que, por primera vez, no era la risa de cuando no sabíamos resolver un examen. Comenzó la clase y yo no me pude concentrar en la trigonometría. Estaba desconectado por los días que me había alejado del estudio y sólo pensaba en el jueves, cuando tuviéramos clase de educación física. Comencé a divagar en las posibilidades de volver a jugar futbol, y la clase del jueves sería una magnifica oportunidad para saberlo. Llegó ese día y fuimos todos al parque México, pero yo me dediqué sólo a mirarlos desde las escalerillas que estaban atrás de la zona que usábamos como porterías, mientras la pregunta no se iba de mi cabeza y, por el contrario, parecía crecer y crecer: ¿podré volver a jugar futbol?

Antes que todo, tenía que esperar la autorización del doctor para apoyarme en la prótesis, lo cual sucedió dos semanas después.

Llegué de nuevo al Hospital de Traumatología del Centro Médico, pero esta vez con toda calma y por la puerta de consulta externa. Como en todos los consultorios de esos hospitales, se encontraban dos estudiantes y una enfermera al lado del doctor, les presentamos las radiografías y, tras una minuciosa revisión, me dijo las palabras mágicas:

–Mi querido Salvador, ya puedes comenzar a apoyar tu pierna, pero primero con las dos muletas; la siguiente semana con una muleta y a la otra semana con un bastón.

Aunque no pude ver mi cara de felicidad, la vi reflejada en la expresión de mi papá, quien no cabía de gusto por escuchar la buena nueva. En ese instante me puse de pie y tome las muletas para hacer la primera prueba, aunque ahora que lo recuerdo ya había intentado apoyar días antes, pero mi papá se daba cuenta y me recordaba:

–No comas ansias, no apoyes antes de tiempo.

Pero esta vez tenía luz verde, así que nada me detendría. Mis primeros pasos fueron en el consultorio y en el pasillo del hospital, pero lo más relevante ocurrió al siguiente jueves que fuimos a la clase de deportes.

Cuando llegamos al parque, nuestra área acostumbrada estaba ocupada por alguien más, así que nos fuimos a uno de los pasillos más anchos del parque, colocaron unos suéteres a manera de porterías y, cuando empezó el juego, me sumé a un equipo y me coloqué con todo y muletas cerca de la portería contraria. Pateé el balón cuantas veces pude, pero mis compañeros no me dejaban hacerlo con comodidad: una cosa era que usara muletas y otra que me permitieran hacerles un gol; después de todo, la apuesta de los refrescos estaba de por medio, así que me marcaron como a cualquier otro de mis compañeros. De pronto, el balón fue rebotado por dos de mis amigos y cayó justo a unos centímetros de mi pierna derecha. Había perdido una pierna pero no los reflejos, y las muletas no impidieron que rematara el balón. Ante la sorpresa del portero, el balón pasó entre los dos suéteres para convertirse en el primer gol que anotara tras mi accidente.

–Lo que bien se aprende, nunca se olvida –gritó alguien. Ese gol me marcó para siempre. Era una señal de que aún podía soñar con jugar futbol, aunque fuera con la prótesis. Podía ser un presagio de lo que el destino me tenía preparado y cuyo significado sólo Dios conocía.

CAPÍTULO 5

¡Qué divertidas muletas!

Durante el tiempo en que todavía llevaba las muletas a la escuela, nos divertimos con ellas. Por ejemplo, cuando estábamos parados en la esquina de la escuela, en Coahuila y Manzanillo, recargados en un auto y bebiendo un refresco, y a Alberto Ontiveros se le ocurrió pedirme las muletas. Se las colocó en posición correcta y se acercó con ellas hasta la esquina para pedir el paso a los autos que por ahí transitaban. Cuando éstos se detenían para dejarlo pasar, caminaba con las muletas hasta la mitad de la calle y luego recogía las muletas, se las colocaba en los hombros y corría para atravesar la calle. Era una travesura que a algunos automovilistas les parecía gracioso y ofendía a otros, pero para nosotros resultaba muy divertido. A quien tampoco le pareció gracioso fue al profesor Oropeza. Como hombre intelectual y con esa enorme experiencia que le habían dejado más de 40 años de trato con alumnos de ese nivel, me dio la bienvenida con su acostumbrada palmada en el hombro:

–Pillín, qué bueno que estás de regreso. Hay que darle gracias a Dios por ello. Tienes que ponerte al corriente y estudiar mucho para estos exámenes, porque con ellos se te calificarán los que no presentaste.

Después de esas palabras, jamás tomó alguna consideración especial conmigo sólo por haber perdido un pie, sino que me trató exactamente igual que a mis compañeros. Debo agradecer infinitamente a mi profesor por haberme enseñado cómo se debe tratar a una persona que le ha cambiado la vida y que de la noche a la mañana pasa a ser parte de las estadísticas por discapacidad motora en nuestro país. Se nos deben brindar todas las atenciones necesarias durante nuestra convalecencia, todo el apoyo durante nuestra recuperación, todas las facilidades para nuestra rehabilitación pero, una vez que nos hemos rehabilitado, no se nos debe tratar diferente a los demás. Sólo pedimos que se adapten a nuestras necesidades a fin de facilitar nuestra reincorporación, desarrollo y superación, tanto en lo humano como en lo profesional. Así lo aprendí yo y es lo que hasta el día de hoy defiendo: un trato en igualdad de oportunidades pero respetando las limitaciones físicas, un trato no preferencial sino justo para cada quien, basándose además en la legislación que para ello existe. Si alguno de nosotros requiere asistencia, se nos debe brindar como a cualquier persona, sobre todo tratándose del desarrollo personal.

Por fin llegó la semana en que debía dejar las muletas para pasar al bastón. Desde la cita en que me permitió apoyarme en la prótesis, el doctor me había dado el pase para el centro de rehabilitación pero, para ser franco, nunca cumplí con los programas de ese lugar. El primer día de rehabilitación, yo me presenté con mi prótesis y las dos muletas; al llegar, la terapista me pidió que me quitara la prótesis para comenzar la terapia.

–¿Por qué? –pregunté.

–Porque tienes que empezar como todos, desde lo más básico.

El grupo al que yo debía integrarme era de aproximadamente ocho personas, de las cuales, la más joven era como cuarenta años mayor que yo. El más grande del grupo tenía como ochenta años y había perdido la pierna por una complicación de la diabetes. Cuando la terapista vio mi cara de sorpresa, me dijo:

–Vamos, que el tiempo es oro.

Mi papá me ayudó con las muletas y me senté, furioso y confundido, en la colchoneta para quitarme la prótesis.

–¿Y tu venda? –preguntó la terapista.

–Ya no la uso –respondí.

–Pues para la próxima la traes, porque te vamos a enseñar a vendarte. Después aprenderás a usar las muletas.

Yo, para entonces, ya dominaba las muletas: había corrido, saltado y jugado fútbol con ellas y lo que quería era olvidarlas y tirarlas a la basura, no aprender a usarlas. Según ella, las tenía que usar todo el día y toda la vida; de hecho, quedé atónito cuando me dijo:

–A ver, ¿qué tal si un día quieres salir de día de campo y yo no te he enseñado a usar las muletas en el pasto y en terrenos irregulares? ¿eh?, o si vas a algún lugar en donde existan escaleras, ¿cómo las vas a subir?

Fue un susto, pues yo estaba decidido a enfrentar todos esos retos pero con mi prótesis, no con las muletas.

Mi respuesta fue pensar que la terapista estaba equivocada y realicé la terapia que me propuso sólo por no llevarle la contra y por darle gusto a mi papá de no pelear con ella, pero mientras la terapista me enseñaba a usar las muletas en todo terreno, yo, por mi parte, en casa aprendía a usar la prótesis también en todo terreno; mientras la terapista me enseñaba a subir y bajar escaleras con las muletas, yo ya lo hacía en casa, así que un buen día decidí ya no regresar a la rehabilitación y continuar por mi cuenta.

CAPÍTULO 6

Trabajo en familia

Todas las personas que me rodeaban influyeron en el proceso de rehabilitación: mis papás y hermanos fueron los principales y a ellos se sumaron mis primos, amigos y compañeros de la escuela. Por ejemplo, no sé si después de llegar a un acuerdo o de forma natural, pero nadie me ayudaba a subir la escalera ni me esperaba para ir al parque, y yo tenía que tomar el ritmo de los demás para no quedarme atrás. Juan y Miguel hicieron también su parte. El día que Juan y yo fuimos a una tardeada en una de las discotecas más prestigiadas del momento, nos fuimos muy bien arreglados en camión y no en taxi, para poder gastar nuestro dinero en refrescos. Para mi sorpresa, el camión nos dejó sólo en la esquina de Insurgentes y lo que hoy es el eje 10 sur, y la discoteca estaba como a diez cuadras cuesta arriba por avenida San Jerónimo. Juan nunca se detuvo por mí y comenzó a caminar a su ritmo, y a mí no me quedó más remedio que seguirlo. Ni siquiera me preguntó si podía y dio por hecho que no tendría ningún problema. Cuando llegamos a la disco yo ya no tenía fuerza para bailar, pero no importaba; de cualquier forma nunca me gustó bailar y el objetivo de ese día no era ése sino solamente ir a la discoteca. Y eso ya estaba cumplido.

Aunque aún debía caminar con bastón, llegó el momento de cumplirle la promesa a mi novia Mara: ir por ella a la escuela. Estudiaba con Angélica, la novia de mi primo Arturo, así que nos pusimos de acuerdo para ir juntos por ellas y después ir a comer. Sin saber con exactitud si podría caminar distancias largas, decidimos irnos en un taxi que nos dejó justo en la esquina de Donceles y el Eje Central Lázaro Cárdenas, en el centro de la ciudad. Al llegar, esperamos en la esquina y vimos cómo salían poco a poco los alumnos, mientras yo, apoyado en el bastón, caminaba de un lado a otro para controlar los nervios que sentía. De pronto, tuve una sensación muy extraña cuando miré mi reflejo en los aparadores de una zapatería. Era una imagen extraña: era yo mismo, pero el bastón me hacía diferente de los demás. De inmediato pensé en la impresión que le iba a causar a mi novia al verme con un bastón y, lo que era más grave, lo que sus compañeras podrían pensar, así que comencé a jugar con el bastón y se lo pasé a mi primo, quien seguramente captó el mensaje de inmediato y comenzó a seguirme el juego, de tal manera que, sin darme cuenta ya estaba caminando sin el bastón y me sentía perfectamente. Mi estado de ánimo, que ya era muy bueno, mejoró aún más, pues el aparador ya no reflejaba a un muchacho diferente de los demás. Ya era como todos. Por fin salió Mara y, al verme caminar sin asistencia, me regaló una sonrisa enorme que jamás voy a olvidar. Caminó hacia mí y me abrazó como a un verdadero triunfador.

–¡Qué sorpresa tan grande, me da mucho gusto!

Me presentó con sus amigas y después nos fuimos en taxi a comer. Hoy sé que un bastón es sólo un accesorio; para unos, indispensable; para otros, útil y a algunos más incluso les da personalidad. Sé que a Mara no le hubiera importado mi bastón pero, desde ese momento y hasta el día de hoy, nunca más lo utilicé para caminar.

CAPÍTULO 7

Los sueños regresan

Poco a poco me fui adaptando a la prótesis. Comencé por ponérmela por la mañana, me la quitaba un rato cuando llegaba de la escuela y después me la volvía a poner para salir a la calle, hasta que llegó el día en que la usaba desde que me levantaba hasta que me acostaba a dormir, aproximadamente 12 horas o tal vez un poco más. En la prepa, mi papá me dejaba en la banqueta y yo ya podía caminar hasta la escuela y subir las escaleras hacia mi salón. Así retomé poco a poco todas las actividades que realizaba en la escuela. En las clases de educación física comencé por pararme junto a la portería enemiga y esperar a que un balón me cayera a modo para rematarlo. En estos momentos de mi vida, el apoyo de mis compañeros de la preparatoria y el de mi primo Arturo fueron cruciales para mi recuperación y para reincorporarme a las actividades al mismo ritmo que los demás. Ninguno de ellos caminó más despacio porque yo viniera en el grupo y nunca dejaron de hacer algo por pensar que yo no podría. Al ritmo de todos, tuve que caminar las cinco cuadras que había entre la escuela y el parque si quería formar parte de alguno de los dos equipos que se hacían para la "cáscara". Arturo siempre caminó junto a mí y procuró que no me faltara nada, pero nunca sin confirmar primero si yo era capaz de hacerlo por mí mismo.

El parque México fue testigo de cuántas semanas tardé en reaprender a jugar futbol. Por las tardes, mis amigos siguieron privándose de esos partiditos cotidianos, pues Juan no encontraba pareja para jugar contra Marcos y Miguel, y creo que no se atrevían a jugar y dejarme sólo como espectador. Un buen día salí decidido a jugar y me dirigí a buscar a Juan a su casa; le chiflé y esperé, como siempre, a que saliera. Es difícil describir la cara de asombro que puso cuando se dio cuenta de que lo que traía en las manos: era el balón de fútbol y no los cartuchos del atari. No dijo nada, tomó el balón, lo arrojó a la calle, lo persiguió y yo caminé lo más rápido posible tras él, hasta que llegamos a la puerta negra que siempre utilizamos como portería. Automáticamente tomé el lugar más cómodo para mí: la portería.

Juan comenzó a dispararme con la fuerza de siempre y yo me esforcé por evitar que el balón tocara la puerta. Muy pronto, el sonido inconfundible de las láminas metálicas al choque del balón hizo que Marcos y Miguel descubrieran que alguien se había atrevido a jugar fútbol en la cuadra de nuevo, y no perdieron tiempo en salir a ver lo que sucedía. Cuando nos vieron, sin mediar palabra se sumaron al acontecimiento y se colocaron uno a cada lado de Juan a esperar que les cayera el balón para dispararme. Aunque ninguno de los cuatro dijo nada, era muy evidente que estábamos contentos y cada quien tenía sus razones. Miguel y Juan debieron sentirse felices porque su amigo encontraba el camino a la recuperación; Marcos seguramente se sentía orgulloso de que su hermano mayor se esforzara por hacer lo que más le gustaba, pero yo estaba contento y asustado, porque me di cuenta de que una prótesis no iba a impedir que me quedara con ganas de hacer algo. Sabía que era una responsabilidad muy grande, porque a partir de ese día las limitaciones dependerían de mí y no de lo que me había pasado. Me di cuenta de que yo era el único que podía definir el rumbo de mi nueva vida con una pierna artificial.

Al final fuimos a la tienda por el tradicional refresco y nos sentamos a platicar, pero nunca se mencionó nada respecto de que fuera la primera vez que yo salía a jugar fútbol desde el accidente. En realidad todos lo asumimos como algo natural, como si no hubiera pasado nada extraordinario y así lo tomé; después de todo, el más beneficiado era yo mismo. El responsable de mi vida era yo y, para mí, este suceso no merecía más atención que la de comprarme unos guantes de portero para que no me ardieran las manos con los balonazos. Ser portero era una opción para que yo pudiera seguir siendo jugador de fútbol y no sólo espectador. Así decidí que con la vida era lo mismo.

Para la siguiente semana ya me había comprado mi uniforme de portero y los guantes, así que la clase de educación física de esa semana marcó mi debut oficial como portero. El suéter era de color rojo con vivos en los hombros, cuello amarillo y el número 1 muy grande en la espalda. Los guantes eran muy sencillos y combinados con el suéter. Ya alguna vez en la infancia había jugado de portero y no lo había hecho tan mal, así que lo intenté y mi participación en los juegos con mis compañeros fue mucho más activa. Conforme pasaban los partidos yo mejoraba como portero y, como consecuencia, me gustaba más. Fui portero durante muchos años.

Mi regreso a la estudiantina fue también muy significativo. Era un grupo muy unido y los ensayos se realizaban en la secundaria ubicada en la esquina de Providencia y Xola. Nosotros llamábamos "tuna" a la estudiantina por la historia de los tunantes, que eran los estudiantes de la época colonial que cantaban para pagar sus estudios. A diferencia de una estudiantina convencional, la tuna debe contar con menos elementos, todos ellos varones y se deben tocar instrumentos acústicos tradicionales como guitarra, laúd, mandolina, panderos, acordeones y tololoche. La vestimenta es al estilo colonial: pantaloncillos cortos llamados nikers, camisola con adornos abombados en los hombros y capa con los listones que se entregaban en cada noche colonial. La estudiantina anfitriona lo otorga a cada integrante de los grupos que se presentan y esa costumbre proviene también de la antigüedad pues, cuando un tuno le daba serenata a su novia, ella le bordaba un listón con su nombre y se lo prendía a la capa como muestra de agradecimiento. Las noches coloniales son una especie de kermesse cuyo atractivo principal es que las estudiantinas de las escuelas invitadas cantan a lo largo de la tarde–noche. La primera para mí fue la Academia Moderna. A las cuatro de la tarde me fui a casa de mi primo Arturo, de donde partiríamos él, su hermano Salvador "el güero", Manuel Soberón, Jorge Ramírez y yo. Ahí en su casa comenzó mi primera odisea relacionada con disfrazar la prótesis y hacerla parecer una pierna natural. Los nikers cubrían hasta la rodilla y debajo de ellos usábamos mallas negras, lo cual facilitó las cosas pues las mallas eran lo suficientemente gruesas para que no se notara la diferencia de color o vellosidad entre una y otra pierna. Los nikers me quedaron justo por debajo del borde de la prótesis, así que sólo si alguien se fijaba mucho podría notar que una pierna tenía "chamorro" y la otra no, pero yo confié en que nadie lo notaría. Salimos como a las siete rumbo a la Academia Moderna y yo estaba hecho un manojo de nervios. No sabía exactamente por qué pero supuse que se trataba de mi primera presentación en público después del accidente. Después supe que mis nervios se debían a que vería a mis amigas de esa escuela que me habían conocido antes y no sabía como reaccionarían. Alberto ya les había contado lo sucedido y eso era una ventaja porque no tendría que hacerlo yo, pero algo me molestaba y no pude controlarlo.

Al llegar, lo primero que hice fue subir al salón que nos habían asignado para revisar que todo estuviera en orden con mi prótesis, es decir, que siguiera oculta bajo las ropas para que nadie lo notara. Alberto anunció mi presencia a mis amigas y ellas acudieron a verme, tal vez por curiosidad. Platiqué con ellas hasta que me convencieron de bajar al patio a beber un refresco y comer algo antes de cantar. Ya en el escenario, me coloqué al frente junto a Alberto, pues ambos tocábamos los teclados. Nuestro grupo se distinguía por contar con un gran repertorio y, sobre todo, por la alegría y entusiasmo de sus integrantes en cada presentación. En realidad sabíamos cantar un poco, pero lo valioso era que nos divertíamos junto con el público y también teníamos la parte romántica, con grandes temas y versos recitados de rodillas y con flores para nuestras seguidoras. Estaba tan concentrado que durante toda la presentación me olvidé de la prótesis y de todo lo que había pasado. La noche colonial terminó y yo regresé a casa tan cansado que me dormí apenas coloqué la cabeza en la almohada. En ese momento no me di cuenta de que había tenido un día normal, como cualquier otra persona. La vida seguía y yo seguía con ella o en ella, como sea.

CAPÍTULO 8

La adolescencia

Durante la adolescencia, todos los seres humanos sufrimos cambios emocionales y estamos en busca de una personalidad. Estos conflictos nos hacen la vida "de cuadritos" mientras encontramos el equilibrio en nuestras mentes; nos sentimos rechazados e incomprendidos por nuestros familiares y por la sociedad adulta en general. Estamos buscando una identidad propia que puede verse afectada por sucesos de la vida. En mi caso, el suceso que modificaría el proceso de identidad natural de la edad fue precisamente la amputación, que sucedió justo a mis 15 años y al entrar a la preparatoria, así que las emociones de adolescente se duplicaron. A pesar de mis logros, siempre tenía un extraño sentimiento de rechazo por parte de la sociedad que me hacía ocultar a toda costa que tenía una amputación; siempre pensaba qué hacer para darle una apariencia más natural a mi prótesis e incluso llegué a pensar en pegarle vellos para poder lucir un short sin sentir vergüenza. Nunca usé uno abiertamente hasta antes de marzo de 1995 porque, cuando lo usaba, la prótesis estaba perfectamente camuflada por medias de fútbol hasta la rodilla y una muslera color carne o una venda blanca que simularan que tenía una lesión en la rodilla y no una pierna artificial.

La primera vez que se ocultó el verdadero desenlace de mi accidente fue cuando mi tío Gabriel le comentó mi caso a Juan Guerra, el cronista de toros y familiar de mi tía Irma, su esposa. Juan Guerra, al saberme aficionado al futbol, me invitó a un programa de radio que se llamaba "Sobremesa de Arroyo" que se grababa precisamente en el restaurante del mismo nombre. Los conductores eran "El Conde" Calderón (q.e.p.d.), Félix Sordo (q.e.p.d.), el Dr. Alfonso Morales y Juan Guerra. En cada programa se invitaba a un deportista destacado y en esa ocasión estuvo nada menos que Héctor Miguel Zelada, el destacado portero del América, uno de los clubes más importantes de primera división. Yo admiraba a Zelada por el éxito que había tenido en su desempeño deportivo, así que la invitación me hizo feliz y logró que, por un momento, olvidara todos mis conflictivos sentimientos. Cuando llegó el día, yo aún utilizaba las muletas pero ya tenía puesta la prótesis. Subimos al auto toda la familia y poco nos faltó para llevarnos también a Lady, mi perra. En el restaurante nos recibió el señor Guerra y nos presentó a los demás conductores; fue un verdadero honor conocer personas de la categoría del "Conde" Calderón. Mientras esperábamos a que llegara el invitado especial, platiqué con los comentaristas acerca de mi accidente y mi frustración por no poder ser el futbolista profesional que siempre había soñado. El señor Calderón me dijo:

–Dios sabe por qué hace las cosas. No te preocupes, todo va a salir bien.

Momentos después llegó Zelada y, con la emoción de un niño, saludé a quien después sería mi inspiración para seguir jugando futbol. Se sentó a mi lado y comenzamos una amena charla mientras comíamos. Zelada se sorprendió de que yo conociera los pormenores de su carrera desde que había llegado al América, sus triunfos y derrotas. Terminamos de comer y pasamos a una pequeña sala donde comenzó el programa y la entrevista con el famoso portero. En un espacio de su entrevista, uno de los comentaristas me presentó al auditorio:

–Está con nosotros Salvador Carrasco, un jovencito que comparte con nosotros la afición al futbol. Salvador, gracias por estar con nosotros.

–No, al contrario, gracias por la invitación –contesté.

Charlamos un rato de futbol, comenté sobre lo que más recordaba de las actuaciones de Zelada y, en la plática, uno de los comentaristas dijo:

–Salvador es un deportista que desafortunadamente tal vez no podrá alcanzar su sueño de ser futbolista por haber sufrido un accidente, pero aquí nos demuestra su fortaleza para salir adelante.

Nunca se mencionó la amputación y no fue planeado: simplemente nadie se atrevió a mencionarlo en público y al aire, y así lo hice yo desde entonces, durante varios años. Finalmente se despidieron;

–Agradecemos nuevamente a Salvador y le deseamos suerte en su recuperación.

Terminado el programa, Zelada me firmó un libro donde aparecía su foto y prometió enviarme un balón oficial con los autógrafos de todos los jugadores del América de esa temporada, lo cual cumplió cabalmente una semana después en el mismo restaurante.

Así que, erróneamente, comencé a desperdiciar mis fuerzas e ingenio en ocultar lo evidente. Usaba pantalones más gruesos y calcetines más largos. Al sentarme, los bordes superiores de la prótesis sobresalían de mi rodilla, por lo que me habitué a colocar la mano allí o a cruzar la pierna derecha sobre la izquierda para ocultarlo. Salvo mi familia, amigos más cercanos y los compañeros de la prepa, nadie más sabía de mi amputación. Mucho menos las amistades nuevas: ni por error se mencionaba el asunto y los ya enterados me ayudaban a guardar celosamente el secreto. Era como un juramento que no existía, pero que todos respetaban. ¿Las novias? ¡Ellas menos! Muchas de mis novias nunca se enteraron de que yo usaba una prótesis. Generalmente terminaba la relación antes de que tuvieran que enterarse y, si acaso alguien notaba algún detalle y me lo cuestionaba, la respuesta era muy sencilla, rápida, totalmente evasiva y mentirosa:

–¿Qué te pasó en la pierna?

–Nada, me operaron hace unos meses y aún no he quedado muy bien.

Si alguien me notaba algo en la rodilla o, por alguna circunstancia, tocaba la prótesis, también tenía una respuesta:

–¿Qué tienes aquí?

–Una rodillera mecánica –y de inmediato cambiaba de tema para no verme obligado a dar más explicaciones.

No puedo olvidar los viajes con mi familia a la playa o a algún balneario, donde era preciso usar traje de baño. Desde el principio me acostumbre a vivir con el complejo y, aun con traje de baño, usaba tenis, calcetas y venda en lugar de chanclas, como aquellas vacaciones en Ixtapa Zihuatanejo con mis papás, mis tíos Arturo y Ricardo, y mis primos. Bajé a la alberca con mi indumentaria: traje de baño y el disfraz de mi pierna. No toqué el agua y sólo miré cómo mis primos se divertían mientras yo me asoleaba de la cintura para arriba, comía papas fritas y bebía refresco. Mi papá me pedía que me metiera al agua, que él me ayudaba, como habíamos intentado días después del accidente en un hotel de Jurica, en Querétaro, en el que, sentado a un lado de la alberca, esperé a que hubiera poca gente para meterme al agua con el muñón cubierto por una bolsa de plástico, porque la herida aún estaba fresca. Mi padre me sostuvo y permanecí en el agua durante más de 20 minutos, pero la experiencia no había sido placentera y no quería repetirla en Ixtapa. Yo quería meterme al agua con todo y mi prótesis, pero eso no era posible, tanto por las características de mi prótesis como porque yo no sabía cómo hacerlo. Después bajamos a la playa y pensé que mi aspecto era terrible con traje de baño, tenis y calcetas, así que decidí mejorarlo: cambié el traje de baño por un short. En realidad debí quitarme los tenis y las calcetas, ¿o no? Pero de momento funcionó para mí y nadie de mi familia me dijo nada; por el contrario, todos respetaron mi decisión y guardaron silencio mientras yo hacía el ridículo en la playa. Era como ver a alguien que se asolea en la playa con pantalones de mezclilla.

Me animé a participar en la construcción de un castillo de arena y no me quedé mirando como en la alberca, pero todo cambió cuando terminamos el castillo y, después de la foto, todos corrieron a la playa para enjuagarse la arena. Entonces volví a tomar mi posición de observador una vez más, mientras ellos corrían entre las olas y se salpicaban hasta cansarse. Esa noche no pude dormir bien pues sólo pensaba en la posibilidad de meterme a la alberca y juguetear en la playa con mis primos. De pronto, di en el clavo: como mi prótesis tenía un pie articulado con un mecanismo de metal que podía dañarse con el agua y ése era uno de los impedimentos para que yo me metiera al agua con ella, decidí cubrir el pie con una bolsa de plástico que se ocultara con la calceta, por supuesto.

El disfraz de encima no cambió en nada; mi papá sujetó la bolsa con cinta de aislar para cerrarla herméticamente y evitar la entrada de agua.

–Listo –me dijo, y seguramente pensaba que, al llegar a la alberca, me descalzaría por completo y me metería al agua con mis primos.

Así pensé que sería pero, desafortunadamente, cuando llegamos a la alberca había demasiada gente y, sobre todo, muchas mujeres de mi edad, así que nuevamente se apoderó de mí el complejo y me senté a ver cómo todos se divertían, mientras pensaba en otra estrategia para poder disfrutar al menos de un chapuzón.

Pasaban las horas, mis primos entraban y salían de la alberca y yo recibía, bajo la sombra de un árbol, las gotas que salpicaban de sus juegos. De pronto, del otro lado de la alberca, un señor se acercó a la orilla a petición de su hijo. Cuando se dio cuenta de que era una trampa ya era demasiado tarde y sus otros hijos lo empujaron a la alberca. Comencé a reír pero no por el incidente, sino porque descubrí la forma más eficiente y rápida para remojarme y refrescarme un poco, así que llamé a mi primo Arturo y le expuse mi plan:

–Ya sé cómo le vamos a hacer para que me meta al agua.

La prótesis estaba lista, así que seguí instruyendo a mi intrigado oyente:

–Mira, yo me acerco a la orilla de la alberca a platicar con alguno de ustedes. Tú y "el güero" se salen por el otro lado de la alberca, se acercan por detrás de mí y me avientan a la alberca, para que todos piensen que fue una broma.

–Bien –me contestó y se regresó a la alberca para planearlo con los demás.

Cinco minutos después lo ejecutamos. Caí a la alberca y sentí un gran alivio pues no sólo me refresqué del calor, sino que había satisfecho mis ganas de meterme al agua y jugar con ellos. Mientras fingía reclamarles y cobrar venganza, aproveché para estar dentro del agua por un lapso de unos 30 minutos. Después salí de la alberca y me quité la playera y el short para exprimirlos, y me tendí en el camastro con traje de baño, calcetas y tenis para que el sol hiciera su trabajo. Hoy, al recordar mi aspecto, sólo puedo reírme y mover la cabeza en señal de desaprobación: ¿cómo pude preferir que la gente viera ese ridículo vestuario a que supiera la verdad de mi condición física? y lo peor es que esta técnica se repitió por muchas temporadas vacacionales más.

Durante esta parte de mi vida, cada Semana Santa y verano viajábamos a la playa o al menos a lugares en donde hubiera alberca. Por fortuna, a la mayoría de los viajes iban también mis primos y eso facilitaba que yo disfrutara de las albercas. En el balneario de Oaxtepec, Morelos, por ejemplo, mis tíos alquilaron cabañas suficientes para toda la familia. Esta vez la experiencia no fue en la alberca de un hotel, pues las cabañas contaban con su propio chapoteadero. Las albercas grandes estaban lejos, pero el ambiente familiar era tan agradable que nadie quería alejarse de allí. Las cabañas estaban dispuestas a manera de círculo y la familia Carrasco e invitados nos apoderamos de una gran parte del terreno, incluyendo los asadores y un espacio verde que aprovechamos para jugar de todo: fútbol de papás contra hijos, "burro castigado" o corretizas como la del Sábado de Gloria en la que a los hijos se nos ocurrió mojar a los papás con el agua del hielo que se derretía en las hieleras.

Cualquiera de nosotros todavía recuerda esos días pero para mí fueron inolvidables porque me sentí reintegrado a la familia, me trataron igual que a mis primos y me tomaron en cuenta para todos los juegos, por bruscos o hábiles que resultaran, aunque en ese entonces aún no sabía que podía correr. Por ejemplo el "burro castigado" en el que uno de nosotros se agachaba y otro, diciendo una frase, lo brincaba apoyando las manos en la espalda del agachado y entonces se agachaba junto al primero, y así sucesivamente de manera que, por cada uno que brincaba, el número de "burros" por saltar era mayor.

–¡Cinco, desde aquí te brinco! –grité, y con toda mi fuerza me apoyé en la espalda del primo que ocupaba el puesto de primer "burro". Intenté caer después del quinto pero, aunque no lo logré, el triunfo consistió en intentarlo y divertirme con ellos mientras hacía feliz a mi papá, quien gustoso veía cómo me esforzaba por vivir al ritmo de los demás.

Mis tíos veían que su sobrino, el más intrépido y activo de todos, estaba de regreso y mis primos sentían que "Chavo" seguía siendo el mismo de siempre. Hasta aquí, parecía que mi complejo sólo atacaba al momento de enfrentarme a una alberca y, sobre todo, con extraños; pero, para otras actividades físicas en las que no fuera necesario mostrar mi prótesis o mi muñón, las cosas pintaban muy diferentes y asumía con decisión todos los retos que se me presentaban. Nunca dejé de intentar todo lo que se me ocurría.

Otro de mis viajes memorables fue a las costas de Oaxaca con mi tío Arturo y sus hijos. Viajamos primero a Coatzacoalcos, Veracruz, en avión, nos hospedamos en un bonito hotel junto al río, con un jardín fabuloso y una enorme alberca. Mi papá y mi tío se fueron durante el día a comprar autos pues era su negocio en esa época; estuvimos dos días ahí y, cuando ya habían comprado los autos y escogido los dos mejores en los que viajaríamos, emprendimos la travesía. Salimos primero hacia Villahermosa, la primera escala de nuestro largo recorrido después de un pez–lagarto y un pozol, alimentos típicos de la región. A través del Istmo de Tehuantepec, que es un maravilloso paisaje en donde se unen las playas del Golfo de México con el Océano Pacífico y que atraviesa Tabasco y Oaxaca, llegamos a descansar al puerto de Salina Cruz y nos hospedamos en el único hotel que contaba con cuartos disponibles para las dos familias. Fue realmente una aventura: las puertas de los cuartos se caían al abrirlas y silenciosos insectos que descansaban sobre las sábanas. Resultó una noche muy divertida y todavía hoy sonreímos al recordarla.

Por la mañana partimos rumbo a Puerto Escondido, lugar paradisíaco en las costas de Oaxaca. En este lugar, el hotel donde nos alojamos tenía alberca pero no estaba en uso, y yo no sabía si entristecerme o alegrarme por ello. A mis primos no les importó mucho pues la playa estaba muy cerca y era de verdad fabulosa, así que lo primero que hicieron fue ponerse los trajes de baño para bajar al mar. Yo, por supuesto, me puse mi disfraz de futbolista lesionado. Aquí tenía que emplear una nueva técnica para poder nadar en la playa y que no me pasara lo de Ixtapa, cuando sólo me quedé mirando jugar a mis primos en las olas. Ellos comenzaron por mojarse los pies y patear olas, y yo, poco a poco, me fui acercando mientras pensaba en la estrategia. Finalmente se me ocurrió fingir que no quería que las olas me atraparan; cuando consideré estar lo suficientemente cerca, jugué al distraído y dejé que una ola grande me atrapara. Arturo y el "Güero" se dieron cuenta y, junto con mi hermano Marcos, me siguieron el juego y me obligaron a meterme más adentro. Yo no opuse resistencia y entré hasta donde estaba seguro que la prótesis no se saldría de su sitio. Jugamos en el mar más de una hora, pero después me preocupé de que, a pesar de las bolsas de plástico con las que mi papá la había sellado, se filtrara agua del mar y causara estragos en la maquinaria del pie, así que me salí para revisarla. Después fue difícil volver a meterme al mar, pero al menos había logrado estar un buen rato dentro.

Al día siguiente todos los muchachos de nuestra edad nos fuimos temprano a la playa, pero esta vez tenía que cambiar de estrategia si me quería meter de nuevo al mar, porque no creía que nadie que hubiese visto la caída del día anterior se creyera el cuento de que otra ola me tirara por estar distraído. Así que debía pensar en un pretexto más certero que me permitiera entrar al mar las veces que yo quisiera y no sólo una vez al día. El viaje aún no terminaba y todavía faltaban varias playas por recorrer. De pronto, una abuelita que se aventuró a mojarse en las olas para subir a una lancha y dar un paseo por la bahía me dio la brillante idea: esta señora no se quitó los zapatos porque no le gustaba la sensación de la arena mojada en los pies, así que, con todo y zapatos, caminó hasta la lancha. De inmediato supe que a mí también podría molestarme la sensación de la arena en los pies (¡Ajá!, sobre todo en el pie izquierdo, ¿no?). Eso no importaba, lo interesante es que había descubierto el pretexto indiscutible para poder entrar y salir del mar sin mayor problema. Comencé a caminar muy despacio hacia la playa y mojé mis pies, bajo la mirada de sorpresa de mis papás, tíos y primos, quienes se limitaron a observar sin intervenir en mi decisión. Así llegue hasta la parte donde el agua me llegaba a la cintura y entonces me sumergí en el mar. Sentí fría la corriente de agua, no sé si por la temperatura del mar en sí o por la sensación tan extraña de haber logrado meterme por completo y sin necesidad de fingir un incidente. Ahora sólo estaba fingiendo que me lastimaba la arena.

Realmente empecé a disfrutar las maravillas de la Naturaleza junto con la oportunidad que Dios me había dado de segur viviendo, pero algo me molestaba pues sentía que, si bien era un logro importante, no me satisfacía por completo. Algo me estorbaba y, por otra parte, otra voz interna me decía que era bueno que disfrutara así de la vida. Pero no era el camino más correcto y aún faltaba un paso más grande para lograr la felicidad plena y dejar de sufrir por lo que me había pasado. Sin embargo, en ese momento me di por bien servido por haber hecho lo que había querido y dejé ese pensamiento para más adelante. De momento, sólo me dediqué a disfrutar lo ya logrado.

Mi papá me alcanzó y comenzamos a jugar y a nadar como hacíamos antes del accidente: brincábamos olas, nos sumergíamos ante las más grandes haciendo "bucitos", nos salpicamos… un día redondo para mí y para todos los que participamos en los juegos de la playa. Ya había olvidado que estaba dentro del mar con todo y mi disfraz de futbolista, y lo recordé hasta que camine hasta donde estaban las toallas, con la mirada fija en la palapa para no saber quién miraba mi ridícula indumentaria y muy preocupado por si la calceta de la prótesis se había movido y dejaba ver la "verdad" que yo quería ocultar, no sé por qué.

Dejamos Puerto Escondido y nos dirigimos a Puerto Ángel, otra playa oaxaqueña, menos conocida pero no menos paradisíaca. Para mi fortuna, repetí el mismo procedimiento para nadar en la playa y disfrutar toda la tarde que estuvimos ahí. Dedicamos la noche a descansar, porque al siguiente día saldríamos temprano con rumbo al destino final de nuestro recorrido por la carretera panorámica y que va del estado de Oaxaca al de Guerrero, paralela a la costa. En el camino nos encontramos con las bahías de Huatulco, pero en esos años no existía ni un solo hotel, apenas una excavadora que comenzaba los trabajos de lo que sería el primero.

Llegamos a un restaurante de mariscos con techo de palma sostenido por troncos de palmera, mesas y sillas de madera y un delicioso aroma a guisos del mar que nos abrió el apetito a todos. Primero fuimos a explorar la playa y nos sorprendimos por su belleza natural: se trataba de una pequeña bahía de calmo oleaje donde el agua que no se revolvía con el rompimiento de las olas y que no estaba contaminada por la mano del hombre. Era cristalina y la profundidad no pasaba de un metro en por lo menos 25 metros mar adentro, pero lo mejor de todo era que se podían ver peces de todos tamaños y colores desde la superficie: un espectáculo que yo jamás había visto, así que decidimos aprovechar la oportunidad de nadar entre los peces y disfrutar lo que la Naturaleza nos estaba ofreciendo. Pasaron los minutos y las horas, y nosotros seguíamos en el mar turnándonos nuestros dos únicos visores, hasta que los papás decidieron que comiéramos porque no querían manejar de noche. Cuando pedí un huachinango frito a la diabla me advirtieron se tardaba un poco más, pero no me importó. Bebía un refresco helado de limón cuando vi que un visor se había quedado en una silla; sin dudarlo, me levante de la mesa, lo tomé y le dije a mi papá:

–Cuando esté listo mi pescado, me gritas. Voy a nadar un poco más.

Ahora que tenía el visor sólo para mí, permanecí en el agua durante más de una hora sin que mi papá me llamara, aunque ya se estaba enfriando el pescado que había pedido. Creo que comprendió que estaba disfrutando mucho más lo que estaba haciendo que el platillo que me esperaba, y yo tenía que aprovechar que era una playa casi solitaria y que, para esas horas, los únicos clientes del restaurante eran de mi familia. No tenía que preocuparme por nada ni por nadie. Cuando decidí salir del agua no fue por gusto, sino porque comprendí que ya todos terminaban de comer y, por verme tan feliz, mi padre no me pedía que fuera a comer. De cualquier forma, yo estaba interfiriendo con los planes del viaje y no me sentí con derecho de hacerlo. Nunca consideré que la gente debía adaptarse a mis necesidades, aunque unas veces lo hice sin darme cuenta; otras, por iniciativa de los demás, aunque yo no quisiera; y otras más con toda conciencia de que no era correcto y que, más tarde, mi gran amigo José Maria me lo hiciera notar. Pero esa vez, sin más remedio, salí del agua para comer y poder así continuar el viaje.

Nuestro destino era ahora Acapulco, Guerrero, vía Pinotepa Nacional; ése sería el punto final del largo recorrido antes de volver a la Ciudad de México. En Acapulco estuvimos tres días con sus noches y ya todos dominaban mis técnicas para que yo pudiera nadar en la alberca o en la playa, por lo que no tuve mayor problema. Pero todavía no había librado todo, y tal vez ése fuera el origen de mi sensación de no estar tomando el camino correcto para disfrutar la vida plenamente, como lo deseaba, pues cuando salía del agua me tenía que asolear con todo y tenis y calcetas. Aún no quería que la gente viera lo que en realidad había bajo esas vendas de la rodilla izquierda y, aunque me moría de ganas de asolearme como todo el mundo, no soportaba la idea, así que sólo me asoleaba a medias. Pero si pensaba que con eso iba a evitar que algunas personas me hicieran preguntas, me equivocaba. La gente me miraba con curiosidad e incluso un vendedor de la playa me preguntó directo:

–¿Qué le pasó, mi joven? –con ese acento costeño que los distingue. Y comenzaron las mentiras.

–Me lastimé la rodilla y me operaron –contesté.

–¡Qué barbaridad! Deberías meterte al mar y con eso se curan las heridas. Mírame, esta cicatriz se me estaba infectando y con el agua del mar se me curó –agregó.

–No, a mí me prohibieron el agua salada y por eso no me la descubro –refuté y me lo quité de encima por ese día, aunque los demás días me preguntó cómo seguía. Después de comer regresamos a descansar al hotel y, por la noche, nos fuimos al lobby del hotel para, según nosotros, bailar con alguien; después de todo estábamos en la edad del "ligue". Mis primos lucían unas preciosas bermudas con los colores y estampados de moda, y yo lucía un pantalón largo con calcetines del mismo color y zapatos. Adivinen por qué, ¿por elegante? No... en efecto, por ocultar mi prótesis y sentirme un poco más seguro. Después de una hora y media de pesca, por fin encontramos unas jovencitas solas en otra mesa del lobby y nos acercamos para iniciar una conversación que culminara en la pista de baile, pero ninguno de nosotros se animó a sacar a bailar a ninguna de ellas, así que nos concretamos a platicar un rato y ponernos de acuerdo para vernos en la alberca al día siguiente. Nos marchamos muy contentos, pero yo no me había percatado de que me enfrentaría a un nuevo reto.

Llegó la mañana y se acercaba la cita en la alberca con aquellas lindas jóvenes. Después del desayuno, que comíamos por obligación y bajo la presión de nuestros papás, nos dirigimos a la alberca para esperar a las susodichas. Llegaron como una hora después, ya que ellas también habían sido obligadas a desayunar. Cuando las vimos llegar, nos empezamos a reír entre nosotros como preludio de un triunfo en las relaciones sociales con el sexo opuesto, pero yo todavía no advertía el reto que vendría con ellas. Saludo matutino, amena charla y risas de ambos bandos. Todo perfecto. Sin embargo, el Sol elevó la temperatura ambiental y ya había pasado bastante tiempo desde el desayuno cuando alguien dijo:

–¿Quieren nadar?

Obviamente, todos dijeron que sí y comenzaron a quitarse las playeras y los tenis excepto yo, que me quedé helado y paralizado. En esas vacaciones ya había logrado meterme a nadar en la alberca y el mar, pero con la presencia de mis primos y familiares o entre desconocidos que sabía que no volvería a ver, pero no con personas que hubiese conocido recientemente, ¡y esta vez eran mujeres de mi edad! Seguramente tendría que explicarles por qué nadaba con calcetas y tenis… Nuevamente me sorprendió el aire de temor e inseguridad que invadió todos mis sentidos y me quedé sentado en un camastro. Una de ellas preguntó:

–¿Tú no vas a nadar?

–No –respondí–. Me operaron recientemente de la rodilla y no puedo mojarme.

Fue lo primero que se me ocurrió y no me di cuenta de que automáticamente había desperdiciado la oportunidad de meterme al agua con el método que habíamos usado en los últimos días. No mojarme era no mojarme, ni por broma, así que ese día no nadé y me dediqué otra vez a observarlos. De pronto, una de las muchachas salió de la alberca para asolearse y platicamos. Después de agotar el tema de las escuelas y costumbres de cada quien, ella aprovechó un lapso de silencio para indagar un poco más sobre la cirugía que yo había mencionado como pretexto para no nadar. Tuve que contarle la misma historia de mi accidente pero como si hubiese ocurrido unas tres o cuatro semanas atrás. Eso sí, conté todo lo de la reconstrucción de mi rodilla pero jamás mencione la amputación de mi pie y, para anticiparme a cualquier otra pregunta, finalicé diciendo que usaba una rodillera mecánica.

CAPÍTULO 9

Mis novias

Aquí comenzaría una larga lucha contra mí mismo en cada ocasión que tenía que relacionarme con alguna mujer. Durante algunos años me esforcé por ocultar mi amputación a como diera lugar e incluso aprendí y adapté reflejos y respuestas falsas para proteger mi identidad secreta; por ejemplo: si estaba sentado junto a alguien en una reunión, siempre colocaba la mano sobre mi rodilla izquierda para cubrir los bordes de la prótesis que se marcaban en el pantalón. Si no tenía la mano en la rodilla y alguien por confianza o por ademanes de la plática dirigía su mano a mi rodilla, mi mano era mucho más veloz y evitaba que tocaran los bordes de mi prótesis. Los que sabían la verdad, y gracias a ese inexistente juramento de silencio tan respetado por todos, nunca dijeron nada a las nuevas amistades. Con aquellas novias con quienes la relación se tornaba más estrecha, en ocasiones me veía obligado a decirles la verdad, pero era todo un rito, desde la frase:

–Tengo que hablar contigo, pero a solas y con tiempo.

Yo no sé qué se imaginaban, pero al menos lograba ponerlas tan nerviosas como yo. Recuerdo, por ejemplo, cuando se lo dije a la primera persona. Se llamaba Nancy; vivía muy cerca de mi casa pero mi accidente ya había ocurrido cuando ella llegó y no sabía nada.

–¿De qué quieres hablar? –me preguntó y, por haberse anticipado, me puso más nervioso. Nunca supe exactamente a qué le tenía miedo, pero seguramente era a sentirme rechazado por las mujeres debido a mi condición física que me hacía diferente a los demás muchachos.

–De algo que me sucedió hace tiempo.

–A ver, cuéntame qué pasó –y entonces yo comenzaba el relato:

–Hace como dos años sufrí un accidente, viajaba en un trolebús... etcétera, etcétera.

Le di vueltas y vueltas, alargué el episodio lo más que pude hasta hacerla pasar de la curiosidad a la desesperación; también yo estaba desesperado por encontrar la forma de decirlo y cambié de tema, dije un "chistorete" y, cuando regresé al relato, lo retomé desde una parte que ya había contado para darme más tiempo. Quizá paso una hora para que, en voz baja y entrecortada, dijera:

–En esa cirugía salvaron mi rodilla, pero no mi pie.

Enseguida me invadió una sensación de angustia mezclada con descanso y envuelta en un silencio descomunal. Sólo me dediqué a buscar en sus gestos el impacto causado por la noticia pero, en esta ocasión, lo único que recibí como respuesta fue:

–Ya lo sabía.

¡No lo podía creer!, ¿tanto sufrir y pensar, tanto miedo y sudor en mis manos para poder decir mi "secreto" y sólo para que me dijera "ya lo sabía"? ¡Vaya chasco!

–¿Cómo que ya lo sabías? ¿Cómo supiste? ¿Quién te lo dijo? ¿Desde cuándo?

–Ya lo ves –me contestó–. Lo noté desde hace varias semanas, ¿por qué?

Estaba completamente sorprendido: Nancy ya lo sabía. Yo aún tenía miedo de su rechazo, mientras a ella ni siquiera le había incomodado. Me abrazó y me dijo:

–Qué... ¿creías que eso era motivo para ser diferente contigo o para que me alejara de ti? Pues no, no me parece que sea nada malo.

–Pues no, ¿verdad? –le contesté.

Guardé silencio mientras dejaba descansar mi alma y bajaban los latidos de mi corazón. Pensé que ella tenía razón: no había motivo para sentirme mal por mi amputación ni, mucho menos, temer un rechazo por esa situación. Pero lo cierto es que, aún sabiendo que era incorrecto, no podía controlarlo.

No obstante esta experiencia, cada vez que tenía una novia se repetía la historia como en el caso de Gabriela, una mujer un poco mayor que yo quien me dejó una experiencia más al respecto. Con ella, la revelación del secreto fue en un café, bajo la misma amenaza de:

–Tengo que hablar contigo, pero a solas.

Al llegar al restaurante, ella se sentó justo frente a mí para no darme la oportunidad de evadir la mirada, esperó a que ordenáramos el café y el postre de limón para después decirme:

–Bien, ¿de qué quieres que hablemos?

Supongo que la frase que yo utilizaba para pedir la charla sonaba mucho más grave de lo que en realidad era. Quizá Gabriela pensó que le pediría matrimonio o algo parecido, porque adoptó una postura muy seria y se moría de ansias por saber. Empecé hablando de todo menos de lo que quería hablar, como siempre; bebimos dos tazas de café y nos servían la tercera cuando me dijo:

–¿Qué querías decirme que era tan importante?

–Pues bien...–contesté y empecé la misma historia– hace algunos años, cuando subí a un trolebús...

Los mismos nervios de siempre, el mismo sudor en las manos y el mismo miedo a perder una novia sólo por ser un amputado me hacían contar la historia lenta y pausadamente, mientras reunía el valor y el oxígeno suficientes para llegar al final...

–Salvaron mi rodilla, pero no mi pie.

Guardé silencio mientras esperaba su respuesta. Mi mirada estaba perdida entre la suya y la mesa, el silencio me ponía aún más nervioso y los segundos que tardó en responder me parecieron más largos que los 30 minutos que tardé en decirle mi verdad. Por fin busco mi mirada y, cuando la encontró, me respondió:

–¿Y qué más?

–¿Qué más de qué?

–¿Qué era lo importante que me tenías que decir?

–Pues eso, qué ¿no es importante? –Refuté.

–Claro que es importante, pero pensé que me dirías algo nuevo, algo que yo no supiera –(¡me volvía a pasar!)

–¿Cómo te enteraste?

–De la misma manera que supe que eres cuatro años menor que yo, y que tampoco me importó.

Fue un gancho al hígado: nuevamente estaba angustiado y tenía miedo de un rechazo que no tenía razón de ser. No le había importado mi edad ni la amputación ¡y yo que tenía tantas dudas al respecto! Antes de confesarme cómo se enteró, me preguntó:

–¿Por qué tenías miedo de que me enterara?, ¿de verdad crees que alguien te rechazaría por lo que te pasó?

Yo no respondí. Aunque no quedó conforme con mi silencio y no lo entendía, lo respetó, me abrazó y sonrió mientras me contaba que había encontrado un pasaporte en la mesa de mi casa. Yo había usado ese pasaporte unas semanas antes cuando viajé con mi papá a McAllen, Texas, y en él, la indiscreta encargada de la oficina de Relaciones Exteriores, en la parte que dice "Señas particulares", le había escrito "FALTA PIERNA IZQUIERDA".

Recuerdo muy bien la indignación que sentí el día que lo tramitamos y lo revisé; por supuesto que le reclame a la señorita, pero ella me argumentó que en mi solicitud yo había escrito, en el espacio para señas particulares, "prótesis en pierna izquierda", y ella pensó que era lo mismo. Lo era, en cierto sentido, pero no tener pierna me sonaba como a no tener ni la prótesis; si alguien me buscara en el aeropuerto según las señas particulares de mi pasaporte, podría pasar junto a mí sin darse cuenta que era yo, y buscaría a una persona en muletas, ¿o no? Así que la leyenda debía decir "prótesis en pierna izquierda". Ése fue el único pasaporte al que le puse señas particulares, para evitar confusiones, pero esta vez había servido para que Gaby se enterara y me diera una lección más al respecto. Sin embargo, no fue suficiente.

Como creo que es natural en los jóvenes de esta edad, ellas no fueron las únicas novias de mi juventud, pero con todas se repetía una y otra vez la misma historia, al menos con quienes no tenía otra alternativa sin importar el motivo. Así me llegó el turno de contárselo a Alejandra, la vecina que vivía dos pisos abajo de mi departamento cuando vivimos en la colonia Narvarte. Ella empezó siendo mi amiga y ni así sabía mi gran secreto; después nos hicimos novios y las cosas marchaban muy rápido, seguramente por la gran cercanía de nuestros domicilios. Bastaba subir o bajar unas escaleras para buscarnos, no había prisa por salir de su casa y trasladarme a la mía ni ella tenía problemas por visitarme. Las familias se conocían muy bien, al grado de que la muchacha que le ayudaba a Mamy con los quehaceres de la casa la dejaba pasar sin preámbulos, y ella tenía la confianza de irme a buscar hasta mi habitación. Fue precisamente eso lo que me obligó a decirle mi "secreto" ya que, uno de esos días, yo estaba acostado en mi cama y ella entró a buscarme. Estuvo a punto de sorprenderme sin la prótesis puesta y, peor aún: la prótesis estaba a un lado de mi cama, lo que hubiera sido muy impactante para ella. Afortunadamente la escuché entrar y, antes de que se asomara a mi cuarto, le pedí que esperara afuera para terminar de vestirme.

Curiosamente había soñado una escena muy similar, en la que alguien me descubría sin la prótesis; de hecho, se trataba de un sueño repetitivo que no comprendía pero que me angustiaba mucho. En esos sueños siempre me encontraba en lugares públicos y ante mucha gente, y de pronto descubría que estaba con el torso desnudo; la gente me veía y yo, entre dormido y despierto, trataba de cubrirme con las sábanas. La escena se trasportaba a mi habitación donde se encontraban las mismas personas y yo seguía tapándome el torso desnudo con las sábanas pero además me preocupaba que la prótesis estaba junto a mi cama y a la vista de todos. Incluso dentro de mi sueño tomaba la prótesis y la escondía debajo de la cama o la tapaba con mis ropas; trataba también de esconder también mi muñón y acomodaba las cobijas de tal manera que pareciera que tenía las dos piernas. La angustia era tal que terminaba por despertar lleno de miedo, con la respiración agitada y empapado en sudor. Entonces me aseguraba de que sólo fuera un sueño e intentaba volver a dormir. Por las mañanas, después del sueño, invariablemente encontraba mi prótesis debajo de la cama, bajo las cobijas o cubierta con toallas y ropa. Ese sueño se repitió durante diez años y desapareció, como otras cosas, en marzo de 1995.

La forma de contarle la verdad a Alejandra no fue muy diferente. Ocurrió un par de días después de que casi me sorprende, en el comedor de su casa y sentados frente a frente, con el mismo ritual de siempre, con los mismos rodeos y el mismo nerviosismo, las mismas manos empapadas en sudor y con la misma frase trillada del final: "salvaron la rodilla, pero no el pie". También me abrazó pero esta vez su respuesta fue distinta:

–No te preocupes, a mí no me importa en lo más mínimo; al contrario, ¡es admirable que no lo haya notado en todo este tiempo!

Ella fue más curiosa y me pidió que le enseñara mi prótesis. Platicamos, salimos a dar un paseo para despejarnos y regresamos a que me ayudara con una traducción de inglés.

CAPÍTULO 10

José María

Un par de semanas después, José María, Carlos, su hermano, Marcos, mi hermano, mi primo Arturo y yo planeamos un viaje a Acapulco "en bola" con todos los amigos y novias, al cual, por desgracia, Alejandra no pudo asistir. Fue un viaje memorable y dejó grandes enseñanzas en mi vida, como los dos anteriores que ya he narrado. Era el segundo viaje organizado a Acapulco, los demás habían sido improvisados y espontáneos. En el primero, lo que más recuerdo es aquella noche que nos arreglábamos para ir a bailar con unas amigas que conocimos en el hotel y, como ellas ya estaban listas, nos fueron a buscar a la habitación. Terminé de bañarme y no me di cuenta de que ellas habían entrado cuando Juan me gritó. Yo, en vez de contestar desde el cuarto, salí desnudo al pasillo y ¡sorpresa! dos de nuestras amigas estaban justo ahí y lo que Juan me iba a decir era que no fuera a salir desnudo porque teníamos visitas. Ellos morían de risa y ellas morían de vergüenza, pero yo estaba más angustiado aún y no por mi desnudez, sino por que mi prótesis había quedado al descubierto. Pero para este otro viaje alquilamos un bungalow que tenía una recámara y una estancia con sofá–cama, además de cocineta, y en esa sola habitación nos acomodaríamos todos. Cuando llegamos, yo llevé de inmediato mis cosas a la recámara y pensé que de ahí nadie me movería. Nos instalamos, descansamos un poco en la habitación y nos fuimos a comer para regresar y ponernos la indumentaria requerida para ir a la discoteca de moda. Estuvimos toda la noche bailando, o al menos en la disco porque ni José ni yo éramos grandes bailarines y preferíamos divertirnos desde la mesa. Salimos de bailar a las siete de la mañana, muy enfiestados y con ganas de seguir la parranda. Nos dirigimos al hotel por la playa, entre juegos y cantos. De pronto, José María caminó hacia el mar, se quitó los zapatos, se arremango los pantalones y se metió entre las olas. Los demás lo secundaron y yo hice lo mismo pero sin quitarme los calcetines (para ese entonces había aprendido que podía mojar mi prótesis con agua de mar pero debía enjuagarla de inmediato con agua corriente para evitar que se dañara la maquinaria). Cuando salimos del mar y nos dirigíamos por fin al hotel, me acerque a José para pedirle en privado que nos quedáramos juntos en el cuarto privado y que mandáramos a los demás a la sala, pero él, no sé por qué, se negó. Cuando insistí, me hizo una pregunta que me pareció muy extraña:

–¿Para qué?

–¿Cómo que para qué? –le contesté–. Tú sabes perfectamente para qué.

– No, no sé para qué, estás loco.

Me enojé con él por su negativa y empezamos a discutir hasta que le dije:

–Eres un mamón.

Él me respondió lo que hasta hoy es lo más fuerte que alguien me ha dicho:

–Lo que pasa es que tú eres un pinche acomplejado.

Me dejó helado. Detuve la marcha y dejé que los demás se adelantaran un poco. Tuve que contener las lágrimas porque realmente me dolió que mi mejor amigo me dijera algo tan duro. Ese día no nos dirigimos la palabra y fue hasta un par de días después cuando todo volvió a la normalidad. En el fondo, yo sabía que era verdad y que, por el profundo afecto que nos teníamos, había sido el único que había tenido el valor de decírmelo. Él sólo quería mi bienestar. Años más tarde comprendí que, efectivamente, sólo había dicho la verdad por la entrañable amistad que nos unía; él pensaba que superar el trauma era lo único que me faltaba para ser completamente feliz y disfrutar al máximo de lo que la vida me ofrecía. ¡Qué razón tenía! Ese incidente, lejos de separarnos, nos unió aún más y convirtió la amistad en una hermandad que nos mantuvo juntos no sólo en las buenas, sino en las peores.

Después de acabar la preparatoria, y tras no presentar el examen para la UNAM como estaba planeado, José María y yo decidimos darnos un año sabático, en cuanto a estudios se refería, y nos dedicamos a trabajar por las mañanas para después dedicarnos a visitar a nuestras amigas a la salida de sus colegios. Regularmente comíamos juntos, en mi casa, en la suya o en alguna fonda que nos encontráramos en el camino. Pasábamos juntos los fines de semana, desde la tarde hasta la madrugada y, en ocasiones, un poco más. El lugar generalmente era el mismo: el hoy desaparecido Charly´s Crepas y, aunque la idea original de era cambiar de lugar cada fin de semana e ir acompañados por algunas de nuestras amigas, siempre terminábamos allí mismo y solos la mitad de las veces, junto con Carlos, su hermano, y Juan Gavidia, quien comenzaba a ser parte del grupo en mancuerna con Carlos. El lugar era pequeño pero muy agradable, con el show de algunos cantantes con los cuales hice una buena amistad y que perduran hasta hoy, de Rodolfo Muñíz y Hueman quien, además de cantar, era el gerente del lugar. Nos hicimos amigos del grupo que ya existía ahí, como Canito, Luisa Echeverria, Mónica Ortiz Monasterio y Gaby, la esposa de Hueman, quienes bautizaron a mi grupo de amigos como "Los Cubicuates" y con quienes nos encontrábamos cada fin de semana. En muchas ocasiones compartimos la misma mesa e incluso fuera del Charly´s, como en reuniones, cumpleaños, comidas y noches de bohemia en casa de Hueman o de Luisa. Aun así, nadie sabía que yo tenía una prótesis, y no era que tuvieran que saberlo sino que nadie lo notó. Amigos tan cercanos que tardaron muchos años en saber la verdad y que se sorprendieron al conocerla.

Durante ese año sabático, José y yo hicimos todo lo que un joven puede hacer aunque debo aclarar que, dentro de nuestra libertad, siempre fuimos lo suficientemente responsables para no hacer nada que pusiera en riesgo nuestras vidas o las de quienes nos acompañaban. Descubrimos que no es necesario correr peligro para divertirse y, aunque las aventuras fueron muchas y muy variadas, siempre fueron sanas, al menos lo suficiente como para no tener que arrepentirnos después. Lo más arriesgado que hicimos fueron nuestras fugas a Acapulco pero siempre manejaba yo, y lo hacíamos en las condiciones más seguras posibles; después de todo, mi papá me había enseñado a manejar en carretera y no lo hacía mal, al grado de que mi papá nunca se preocupó por ello. Estos viajes a la playa eran espontáneos, así que no íbamos a nadar y sólo tocábamos la playa con los pies descalzos y con la misma ropa con la que habíamos ido de fiesta la noche anterior. Viajamos también dos veces a Guanajuato, pero estos viajes fueron muy bien planeados y con permiso de nuestros padres, aunque no por ello fueron menos emocionantes.

La primera vez fuimos José, Carlos y yo persiguiendo una aventura quijotesca en la ciudad más colonial y tradicional de nuestro país. Conocimos toda la ciudad y, en especial, la discoteca más famosa de esos años. Fuimos con un par de amigas que habíamos conocido en la escalinata de la universidad cuando intercambiamos las cámaras fotográficas para tomarnos las respectivas fotos del recuerdo. Al salir de la discoteca, fuimos a un bar muy bohemio donde no resistí la tentación de subir con el cantante a "echarme un palomazo", como se dice; lo bohemio lo traía en la sangre, lo aprendí de mi padre, lo ensayé en el Charly´s y lo practico hasta hoy. Nunca he sabido a ciencia cierta si canto bien o no, pero siempre me ha gustado hacerlo. Nos divertimos tanto que al año siguiente volvimos a hacer el viaje, pero esta vez se unieron Juan y Marcos, y coincidió con la gira de estudiantinas, entre las cuales estaba la del colegio donde estudiaba la novia de José. Ese viaje fue uno de nuestros mejores fines de semana.

CAPÍTULO 11

La universidad y el fútbol de regreso

Pasaban los meses, y aunque nos sentíamos muy contentos con la libertad de sólo tener que trabajar unas tres o cuatro horas por la mañana, aún teníamos pendiente el ingreso a la universidad: yo a la carrera de Medicina y José a la de Administración. Un buen día, mi papá me cuestionó sobre mis intenciones de ingresar a alguna universidad, y fue entonces cuando decidí empezar a buscar en dónde y cuándo. La mamá de José también lo presionaba, así que nos dirigimos a la Universidad La Salle, nuestra primera elección. Tenía las dos carreras pero la facultad de Medicina estaba en avenida San Fernando y la de administración estaba en Benjamín Franklin; es decir, a unos treinta minutos de distancia sin tránsito vehicular pesado. Descartada. Después de buscar varias opciones, la única universidad que tenía las dos carreras y que se encontraban en el mismo plantel fue la Universidad Anáhuac. Hicimos los exámenes correspondientes y yo tomé el curso propedéutico obligatorio, pero los dos reunimos los requisitos y fuimos aceptados. El curso propedéutico duro dos meses y ahí conocí a mis primeros compañeros; fue muy interesante porque aprendimos lo básico: prácticas de inyecciones, vendajes, clases de anatomía, fisiología, etcétera. Luis Enrique Martínez y Chucho Pruneda fueron los primeros con quienes hice un equipo de trabajo, que presentamos como ponencia antes de terminar el curso. Durante el ciclo escolar hice más amigos. Por lo demandante de la carrera, pasábamos todo el día en la escuela y los compañeros se convierten en más que eso: a veces en amigos y confidentes o en parejas. Se está tanto tiempo juntos que es difícil guardar secretos; no obstante, el mío permaneció invulnerable.

Nuevamente me enfrentaba a un grupo de personas que no conocía y me resultaba difícil presentarme ante ellos tal cual era, ni aun a mis compañeros más cercanos como Pedro De León, Alberto Sahagún, Fernando, Cecilia Goitortua o Luis Enrique. Sólo con Laura Jáuregui sentí la suficiente confianza, tal vez porque compartía mucho del tiempo de escuela con ella, la llevaba de regreso a su casa, estudiábamos y hacíamos juntos algunas tareas. Uno de esos días, la plática se nos agotó y, tras su pregunta de "¿qué te pasó en la rodilla?", se lo conté con cierta facilidad. Esta vez fue muy diferente pues ella era sólo mi amiga y fue la única que lo supo durante mis años universitarios.

A los pocos meses descubrí que existía un torneo interno de futbol, en el cual competían las diferentes escuelas de la universidad. Un año antes había descubierto, por casualidad y capricho climatológico, cómo correr. Justo cuando estaba por bajar de una combi, comenzó a llover muy fuerte, así que bajé e instintivamente comencé a correr de forma natural. No niego que tuve ciertas dificultades, pero lo logré. Apenas podía creerlo. Mis papás me estaban esperando para ir a los quince años de mis primas, pero tuvieron que esperar un poco más porque le dije a mi papá:

–Te tengo una sorpresa.

Y comencé a correr en el pasillo ante la mirada perpleja de papá, quien llamó a todos para que vieran lo que estaba pasando: era el primer paso para mi regreso al deporte, aunque en ese momento no sabía lo que sucedería años más tarde.

Busqué entonces al encargado de organizar el equipo de la escuela de Medicina y le pedí que me tomara en cuenta para la selección. Él me preguntó:

–¿De qué juegas?

Sin dudarlo, y con la experiencia que había tenido en la preparatoria, respondí:

–De portero.

–Perfecto –me dijo–. Justo lo que necesitamos. Yo te aviso cuándo será el primer juego.

Estaba feliz porque el fútbol seguía presente en mi vida y, aunque la ilusión de ser futbolista profesional había quedado atrás, jugarlo, verlo y comentarlo me provocaba casi la misma pasión que mis sueños de pertenecer a la primera división. Cuando se lo conté a mi papá se puso tan contento como yo; sabía que no sólo era jugar por jugar sino que era un nuevo reto en mi vida, había podido jugar de portero en el redondel del parque México durante la preparatoria, lo había hecho en las "cascaritas" de la cuadra y no había estado nada mal salvo por algunos incidentes que hasta podría considerar graciosos, como un día que jugaba con todos los vecinos y, por un movimiento brusco, mi prótesis se rompió a la altura de lo que sería el tobillo. Sólo quedó sujeta por el calcetín. Pedí tiempo a mis amigos por la fractura de mi pierna.

Con una sonrisa como para seguirme el juego, se acercó Juan y luego llegó mi hermano Marcos, quien se notaba más preocupado. Lo único que me preocupaba era ir a casa para que mi papá me llevara con el protesista y la reparara lo antes posible; si no, ¿cómo iba a caminar al siguiente día? El protesista estaba muy sorprendido porque jamás había visto que una prótesis se rompiera así, se dio cuenta de que yo no tenía límites y pronosticó que ésa no sería la última vez que tuviera que reparar mi prótesis. Le hizo un remiendo poco estético pero muy efectivo, porque me duró muchos meses. Juan dijo que era preferible que hubiera sucedido en la cuadra y no en el parque, donde se organizaban partidos de "reta" a lo largo de las vacaciones. Nosotros organizamos nuestro equipo de la cuadra comandado por Juan y conmigo en la portería. En ocasiones llegaban equipos de casi todas las cuadras y las sesiones futboleras se prolongaban por horas. Debido a la mecánica del "torneo", jugaba más quien más ganara así que nos esforzábamos al máximo.

En la universidad sería diferente: para empezar, jugaría en una cancha reglamentaria, empastada y muy bien cuidada, en un equipo de once jugadores, con árbitros, uniformes, números y registros. Hasta ese día, era lo más parecido a mis sueños de niño. Llegó el día de mi primer partido y nuestro equipo no tenía uniforme oficial ni entrenamiento adecuado, pues solamente jugábamos una vez por semana. Los otros estaban muy bien uniformados; era el equipo de trabajadores de la universidad que entrenaba todos los días a la hora de la comida. La mitad de nosotros estábamos desvelados por el estudio y con el tiempo contado por la premura de regresar a clases por la tarde. Pese al esfuerzo de todos, perdimos por más de ocho goles, según recuerdo, pero en ese tipo de goleadas el portero suele ser, a pesar de todo, el héroe. Los delanteros contrarios disparaban sin cesar contra mi meta y yo sacaba cualquier cantidad de balones, pero no lo logré en por lo menos ocho ocasiones. Sin embargo, ganar no era mi meta: fue enfrentar una verdadera cancha de fútbol y que no se dieran cuenta de que su portero tenía una pierna artificial, no sólo por el disfraz sino por mi capacidad física, y lo logré. Aquí mi ingenio nuevamente se echó a andar y disfracé muy bien la prótesis, le coloqué un recorte de pelite de un socket viejo con algodón por dentro a la altura de la pantorrilla, para darle una forma semi–redondeada y con apariencia de "chamorro", la pegué con cinta canela, me puse una calceta blanca y espinilleras por delante y por detrás, al estilo de Hugo Sánchez. Llevaba las calcetas hasta la rodilla y una venda para aparentar una lesión. Nuevamente estaba haciendo lo mismo, sólo que ahora era más fácil con el disfraz de futbolista. A diferencia de la natación, el fútbol llenaba mi mundo y, aunque todos estaban desconcertados por la goleada, nadie dudó de mi capacidad bajo los postes. Sólo alguien me preguntó si estaba lesionado y le conteste que sí pero que podía seguir jugando con el vendaje. Así jugué toda la temporada y me gané a pulso el título de portero oficial de Medicina.

Para el siguiente año, el organizador del equipo debía hacer sus rotaciones de clínicas y me heredó la responsabilidad del equipo, la cual asumí sin ninguna dificultad. Como cada ciclo escolar, llegaron alumnos nuevos a la escuela y a muchos de ellos les gustaba el futbol, así que se integraran al equipo, mejoramos nuestro nivel y competimos de manera un poco más equilibrada contra las demás escuelas. Además se organizó otro torneo en la cancha chica llamado "fútbol ocho", por lo que la actividad era muy constante; ya no nos goleaban e incluso ganábamos algunos partidos. La responsabilidad de la portería era cada vez mayor, pero yo me sentía como pez en el agua. Comencé a conocer a los integrantes de otras escuelas y tenía muy buena relación con los directivos de deportes de la universidad, entre otros, el Dr. Martínez, quien era el coordinador, o Roberto "el pelón", ex–alumno y después director técnico de la selección de la universidad, en la cual sólo participe como auxilio médico. También recuerdo al entonces estudiante de Comunicaciones y hoy un buen periodista, Miguel Ángel Padilla, quien se encargaba del boletín informativo de la coordinación de deportes de la universidad. Nuestra relación fue tan positiva que hicimos una campaña para hacer que la gente asistiera a los partidos de Medicina contra Comunicaciones. Como compartíamos la sala de descanso que comunicaba a los edificios de nuestras escuelas, los estudiantes convivíamos diariamente y fue sencillo colocar carteles que provocaran una sana rivalidad entre los dos equipos. Los carteles contenían chistes alusivos a nuestras carreras, que no provocaban enojo pero sí logramos que los encuentros entre nuestras escuelas fueran casi "clásicos".

A todos los que me veían jugar les llamaba la atención mi manera de correr pues, a pesar de que podía, la prótesis que usaba no me permitía hacerlo de mejor manera, así que era inevitable que se me notara la claudicación de la pierna izquierda y que hiciera un movimiento de un lado al otro que me valió el apodo de "El Taca-Taca". Todavía no sé si se lo debo a Martínez o al "Pelón", quienes se quedaron con la idea de que usaba una rodillera mecánica, pues ésa había sido mi respuesta cuando alguien preguntó por mi lesión. Los partidos eran intensos y yo quedaba muy agotado. En muchas ocasiones teníamos clase después del partido, así que me quitaba la prótesis justo al llegar a casa para poder descansar. Era mucho el esfuerzo por jugar futbol, pero la prótesis no estaba a la altura de mis verdaderas necesidades. Además, el muñón acababa muy lastimado, en ocasiones con escaras al rojo vivo en los puntos de mayor apoyo, en una zona donde la piel es mucho más delgada y carente de las características necesarias para apoyar. Agua, jabón, alguna pomada y esperar que al siguiente día estuviera mejor para poder caminar. No siempre era así. La mayor parte de las veces debía ponerme la prótesis sobre las heridas y sufrir dolor a cada paso, hasta que la suma de estímulos dolorosos lo bloqueaba y podía caminar un poco más; pero, si me detenía y caminaba de nuevo, el dolor volvía a ser como en un principio. Era como el dolor de una ampolla abierta, multiplicado por diez. Sin embargo, mi deseo era mayor y estaba dispuesto a soportar ese dolor de dos o tres días con tal de hacer lo que más me gustaba. Nunca dejé de jugar por, mucho que me doliera. Obviamente, mis compañeros se percataban de que al día siguiente de cada partido caminaba con más esfuerzo, pero yo siempre les decía que la rodilla se inflamaba. La verdad era que la prótesis me lastimaba y el dolor casi me mataba. En algunas ocasiones, Martínez sugirió que ya no jugara para que la rodilla no se lesionara más, pero es que ellos siempre ignoraron la verdad. Hoy sé que, si la hubieran conocido, su trato hacia mí hubiera sido exactamente el mismo y así lo habría querido yo.

No sólo el fútbol me causaba las heridas sino el simple hecho de caminar. Tal vez yo caminaba más de lo debido, pero lo cierto es que la tecnología que yo conocía no me podía ofrecer algo mejor, y tenía que luchar contra todo. Fue realmente tormentoso y no sólo para mí, sino para toda mi familia. Me ponía de un humor insoportable si me lastimaba y no podía hacer las cosas que yo quería; no había peor castigo que tener que quedarme en casa sin ponerme la prótesis por una lesión. Mi papá incluso sabía que estaba lastimado desde que cruzaba la puerta, pues leía mi expresión de angustia, desesperación, enojo y, sobre todo, frustración.

Era difícil no saber si al día siguiente me podría poner la prótesis o no. Papá de inmediato me revisaba para idear la manera de ayudarme, me curaba e incluso probamos con pomada anestésica, pero sólo mitigaba un instante el dolor y no era suficiente. Sin embargo, la vida seguía; yo debía soportar el dolor y seguir adelante, porque nunca pude acostumbrarme a él. Recuerdo los quince años de mi prima Zoraida, de quien fui chambelán. Por algunas semanas ensayamos la coreografía puesta por mis tías, las más bailadoras que he conocido en mi vida. Dos días antes de la fiesta apareció repentinamente una de esas temibles heridas; al principio traté de ocultarlo pero no pude, el dolor era muy fuerte y se notaba a cada paso del baile. Fue necesario suspender los ensayos y estuve más de un día sin ponerme la prótesis para que se curara el muñón y yo estuviera en mejores condiciones para la fiesta, pero fue inútil, así que compramos la pomada de anestesia local y me la apliqué justo antes de vestirme para ir a la misa. En la fiesta traté de no caminar más de lo necesario y me apliqué de nuevo la pomada para poder bailar sin dolor. Cuando comenzó el baile aún me dolía, pero éramos el centro de atención y entonces ya no sentí nada. Pude bailar sin ningún problema e incluso repetimos la coreografía a petición del público. Fue una noche magnifica que terminó cerca de las siete de la mañana, aunque, para mí, las secuelas se extendieron una semana más.

Para el siguiente año escolar, el rumbo de mis estudios dio un giro que me acercó a los nuevos retos que la vida me tenía preparados. Dejé la carrera de Medicina de la Universidad Anáhuac y me inscribí a la Licenciatura en Medicina Física y Rehabilitación del Hospital ABC, pues pensaba que era una carrera más adecuada para lo que yo quería hacer. Me agradó la enorme similitud de las materias con las de tronco común de Medicina y comencé a estudiar. En mi grupo de 20 personas sólo existíamos dos hombres: Andrés Rosas, quien a la postre se convertiría en uno de mis mejores amigos, y yo. Como ya era mi costumbre, empecé a relacionarme con la gente de la escuela y del hospital; de hecho, conocía médicos y a algunos compañeros de la Anáhuac que realizaban ahí sus rotaciones. Entre mis danzares por los pasillos del hospital, descubrí que había una liga deportiva interna para trabajadores y médicos; de inmediato me di a la tarea de investigar cómo, dónde y cuándo, y encontré al organizador. La mayoría de los alumnos eran mujeres, así que me fue más difícil conseguir gente para formar el equipo. Andrés no tenía objeción y el único hombre de segundo año convenció al único de tercero. Ya éramos cuatro, pero necesitábamos al menos siete más, así que decidí comentarlo con los coordinadores de la escuela y uno de ellos, futbolero como yo, convenció a algunos maestros e invitó a dos o tres personas para reunir al menos a los once jugadores necesarios. Mandamos a hacer los uniformes con el modelo del Inter y nos bautizamos como Sporting MFR (Medicina Física y Rehabilitación). Saqué del cajón los suéteres de portero y me dispuse a continuar con mi carrera de futbolista aficionado. La historia se repitió y volví a usar el cuento de la lesión de la rodilla. Sin embargo, me di cuenta de que aquí las materias eran más prácticas que en la escuela de Medicina y que, en repetidas ocasiones, los maestros nos pedían que nos quitáramos la camisa, que nos levantáramos el pantalón o nos quitáramos los zapatos y los calcetines, o de plano usar un short, así que yo necesitaba un aliado y tuve que confesarme con Andrés. Entre los dos llegamos al acuerdo de que yo me quitaría la camisa y él mostraría las piernas cuando fuera necesario. El plan funcionó a la perfección y era tan automático que nunca levantó sospechas.

Así fueron los dos primeros semestres pero, al siguiente año, las materias eran cada vez más prácticas. En especial había dos materias que me estorbarían en mi necedad de seguir ocultando que yo era un amputado; una de ellas era la materia de masaje, donde debíamos usar shorts para practicar los masajes en miembros inferiores; la otra materia era terapia acuática y se realizaba en la alberca del colegio, frente al hospital. No tenía escapatoria; sin embargo, hice un nuevo intento por mantener el secreto y decidí hablar con los coordinadores, así que entré a su oficina y dije:

–Tengo que hablar con ustedes en privado. Se trata de un problema que tengo con un par de materias y necesito su ayuda. No puedo tomar dos de las materias de este semestre –me armé de valor y lo solté en una sola frase–: porque tengo una prótesis.

Toño, que estaba sentado junto a mí, soltó una carcajada que contagió a Fernando. No lo culpo, yo siempre he tenido un muy buen sentido del humor y suelo hacer cualquier clase de chistes planeados o espontáneos, que incluso me causaron algunos problemitas como cuando me sacaron de clase por imitar a Quico, el personaje del "Chavo del ocho".

– No es broma –les dije–. Estoy hablando en serio.

Toño siguió riendo mientras buscaba mi pierna para corroborar. Cuando la sintió, cambió totalmente su expresión y le dijo a Fernando:

–¡Es cierto, tiene una prótesis!

Me subió la pierna al escritorio, arremangó el pantalón y bajo el calcetín. Los dos se quedaron completamente atónitos y no era para menos, pues tenían un año de conocerme, jugábamos fútbol en el mismo equipo, se dedicaban a la rehabilitación y no se habían percatado de la realidad. Después de que los dos la vieron, la tocaron y pudieron salir del asombro que les causó la sorpresiva noticia, me dijeron que no me iban a quitar las dos materias, que no entraría a la alberca, pero que no podían salvarme de la clase de masaje, pues no encontraban motivo que lo justificara y fue entonces que yo confesé:

–Es que no quiero que la gente se entere de que no tengo un pie.

–Pues eso esta muy mal –me contestaron–. ¿Nadie lo sabe en la escuela?

–Mmm... no –contesté–. Sólo Andrés y otra persona –que había sido mi novia por unos meses y a quien no podía mencionar porque nuestro noviazgo había sido secreto; de hecho, entonces yo ya tenía otra novia que estaba en mi salón y aún no lo sabia. Me dijeron que lo más sano era que yo hablara con mis compañeros, así que me llevaron al salón de clases para que enfrentara al grupo de una vez. Pidieron silencio porque yo debía decirles algo importante y me dejaron solo frente a ellos. Busqué la mirada de Andrés, quien sabía a qué había ido a la coordinación, me hizo un gesto de ánimo como diciendo "vamos, tú puedes", y comencé a contar la historia como siempre: "Hace algunos años, cuando viajaba en un trolebús..." sólo que esta vez fue más corto, sin café de por medio y ante la mirada de asombro de mis compañeros. Quizá la más sorprendida era mi novia. Recibí innumerables muestras de afecto, respeto y admiración; sentí como si me hubieran quitado un peso de encima y por fin pude respirar en paz. Sólo una persona me reclamó al salir del salón: mi novia, quien protesto por no haberle dicho antes, y tenía razón.

Para la primera clase de masaje llegué con mi short en la mano, pero listo para ponérmelo en el momento necesario. Fue la primera vez en mi vida como amputado que me pondría un short con gente ajena a mi familia y sin el disfraz de siempre. Además de clase de masaje, fue clase de prótesis porque mis compañeras la inspeccionaron y me pidieron que les demostrara cómo funcionaba, más por curiosidad natural que profesional, pero no importaba. Nadie me pidió quitármela para mostrarles mi muñón y yo nunca lo hubiera sugerido, pues creía equivocadamente que una cosa era enseñar la prótesis y otra mostrar la desnudez de mi amputación, así que nuevamente superaba el complejo a medias. Además, nadie de otros grupos lo supo.

Las cosas siguieron igual que antes en la escuela. De hecho, recuerdo un episodio bastante chusco: en las vacaciones yo estaba pagando guardias y una compañera me pidió que le pusiera una compresa caliente para una lesión que tenía en el cuello. Mientras la atendía, sostuvimos una amena charla y yo estaba a punto de invitarla a comer cuando la prótesis se movió de su lugar. Hice el movimiento acostumbrado para regresarla a su lugar, pero escapó un poco de aire que parecía proceder de un lugar distinto a mi pierna. Yo no supe qué hacer y ella se desconcertó tanto que se quedó en silencio. No tuve el valor de decirle que tenía una prótesis y que ese sonido provenía de ahí y no de otro lado, así que la dejé en su error. Por supuesto que ni ese día ni ningún otro la invite a comer; de hecho, durante mucho tiempo traté de no pasar cerca de donde ella estaba y preferí que pensara erróneamente en lugar de decirle la verdad. ¿En qué estaba yo pensando?

Seguí jugando fútbol y ninguno de mis compañeros me trató diferente ahora que sabían que tenía una prótesis. Los reclamos por mis malas jugadas en la portería seguía siendo los mismos, mis compañeras me trataron exactamente como antes y no hubo consideración alguna, salvo el proteger mi secreto ante los demás. Eso sí, me regañaban por andar en moto. Creían que perder una pierna era más que suficiente para no arriesgarme a tener un accidente de peores consecuencias; sin embargo, a algunas de ellas les encantaba pasear en la moto y a veces lo hacíamos a la hora del descanso. Al término del semestre, y por motivos personales, cambié nuevamente de escuela pero ya no de carrera. Salí del ABC y conservé la amistad de las personas que en verdad me apreciaban y a quienes yo correspondo con mi afecto hasta el día de hoy, muy en especial a Andrés. Pero, sin saberlo, este cambio me acercaba al mayor reto que la vida me ofrecería con referencia a mi amputación.

Entré entonces a la Escuela de Rehabilitación del DIF Nacional. Nuevamente en el grupo había más mujeres pero, por fortuna, Isabel Díaz y Rocío Pérez venían también del ABC, lo que me facilitó las cosas. Nunca había tenido dificultad para relacionarme con las mujeres, siempre y cuando no tuviera que decirles lo de mi amputación. Comenzaron las clases y yo retomé la historia de la cirugía de la rodilla, etcétera. Pero aquí surgió otra complicación: en la clase de neuro–desarrollo teníamos que hacer prácticas en colchonetas con niños con problemas en su desarrollo psicomotríz. La norma era subir a la colchoneta sin zapatos, así que comencé a realizar acciones evasivas, como quitarme los zapatos al final y justo en el lugar en donde iba a practicar, esconder mi pie bajo alguna prenda o junto a una pelota; hasta que un día, sin que yo lo pudiera evitar, alguien tocó mi pie y lo sintió muy rígido. De inmediato, me preguntó:

–Salvador, ¿qué tienes en el pie?

Fue una pregunta nueva para mí pero rápidamente le encontré respuesta. Una mentira, desde luego:

–Una férula.

–¡Ay! no sé por qué me imaginé otra cosa...

Eso que se había imaginado era la verdad y yo la negué con mi respuesta. Muy pronto necesitaría un aliado y lo logré. Esta vez fue Mariana, quien se dio cuenta del episodio de la supuesta férula y no se aguantó las ganas de preguntármelo después, pero en un momento más apropiado, a solas y con el tiempo suficiente para responder con la verdad. Le conté todo con la intención de que me ayudara a esconderlo, le pareció muy divertido y guardó el secreto. De hecho, ella se encargaba de decir que yo tenía una férula a quien tuviera dudas. Ella y mi nueva novia se convirtieron en mis aliadas para evadir preguntas y curiosos en el grupo de estimulación. Casi siempre nos sentábamos juntos para que ellas cuidaran mis espaldas pero, como siempre, surgió un problema y es que en esta escuela también era necesario entrar al tanque terapéutico y eso me obligó a hablar con el director de la escuela, el Dr. José Luis Martínez, para que me exentara por obvias razones. Me pidió que lo acompañara al consultorio del Dr. Ortiz para revisarme y hacer un certificado, de ser necesario. Ahí estaba la Dra. Virginia Rico, jefa de consulta, y un par de médicos residentes. Para hacer mi diagnóstico, me pidió que caminara ante ellos y así lo hice. El asombro de todos llenó el consultorio, pues en casi 10 años de amputado había estado cerca de médicos y especialistas en rehabilitación que nunca se dieron cuenta de mi prótesis, hasta que yo les decía.

Un par de semanas después sufrí una caída que me lastimó la rodilla izquierda. El doctor Ortiz me revisó, encontró un derrame de líquido sinovial y me ordenó usar una férula durante diez días. No podría usar mi prótesis y el director, al darse cuenta de que asistir a la escuela sin la prótesis vulneraba mi secreto, me autorizó ausentarme de la escuela por una semana, hasta que la inflamación cediera lo suficiente para que me pudiera poner la prótesis aunque no la apoyara. Al siguiente día recibí en casa la visita de mi novia con el pretexto de que llevaba los apuntes del día para que no me atrasara con las clases pero en realidad estaba preocupada por mí. Su visita fue inesperada y, como no había nadie más en casa, fui yo quien le abrió la puerta. Ella ya sabía lo de mi prótesis pero nunca me había visto sin ella, y así se convirtió en la primera novia, después de Mara, en verme tal cual era. Lejos de sentirme mal, me sentí bastante bien. Además de los apuntes, me llevó la información de un curso que organizaba la Cruz Roja donde tratarían el tema especifico de "Amputación de miembro inferior" y que incluía pláticas que se antojaban sumamente interesantes para quien se dedicara a la rehabilitación. Sobra decir que a mí me interesaban mucho más. Cuando la inflamación disminuyó lo suficiente para poder ponerme la prótesis, fui a la escuela con las muletas. Me revisó el doctor Martínez y me dijo que estaba mejor, pero que no podía apoyar la pierna todavía, así que aproveché para pedirle que, en vez de regresar a la escuela, me permitiera ir al curso de la Cruz Roja. En vista de lo importante que resultaba para mí y de que yo estaba parcialmente incapacitado, dio su autorización.

El curso inició con la historia de las amputaciones, cómo se practicaban en el pasado y cómo se aplicaban en la actualidad; los métodos quirúrgicos más comunes en nuestro país, entre otros temas. Al siguiente día, las pláticas estaban más relacionadas con la rehabilitación y varios protesistas hablaron de lo más actual de los componentes protésicos. Entre ellos, el ingeniero Marlo Ortiz, quien venía de Guadalajara, ya era famoso en el mundo de las prótesis por sus técnicas vanguardistas. Su plática realmente me impactó: habló de las prótesis para personas como yo y en sus diapositivas mostró personas nadando, jugando y corriendo en condiciones mucho mejores que las mías. Las prótesis que presentó eran completamente diferentes a las que yo usaba, y los conceptos de mi protesista diferían mucho de los conceptos que el ingeniero Ortiz nos compartió en esa conferencia. Al término de la jornada me acerqué al stand de la compañía que dirigía el Ing. Ortiz, pedí una tarjeta y escuché un rato sus explicaciones a quienes solicitaron más detalles. Era fascinante para mí escuchar todas las ventajas de los sistemas que él manejaba para la adaptación de una prótesis a un amputado como yo. Cuando regresé a casa, le platiqué todo a mi papá y él me sugirió llamar a mi protesista para que me explicara lo que supiera y preguntarle si podía hacerlo conmigo. En realidad me había extrañado no verlo en el curso y preferí no llamarle; después de todo, no era un buen momento para cambiar de prótesis, así que guardé la tarjeta para tenerla presente si algún día lo hacía falta.

Regresé a la escuela y no dejaba de pensar en lo que había aprendido en el curso de amputados. Tenía ganas de aprender más pero tomaría la materia de la fisioterapia en el amputado un par de semestres después, así que debía esperar un poco. Meses después, mi prótesis comenzó a fallar y ya era momento de cambiarla. Llamé entonces al ingeniero para preguntar el costo de una prótesis como las que él hacía. Me dio el costo de diferentes modelos y estilos de acuerdo con mi edad, pero la situación económica de mi papá atravesaba por un bache y no quise mortificarlo con ello. Yo sabía que, si se lo comentaba, haría lo que fuera por pagarme la prótesis. Guardé nuevamente la tarjeta en el cajón y empecé a averiguar de qué manera podría conseguir una prótesis sin que mi papá tuviera que desembolsar el dinero. En la escuela, sorpresivamente el doctor Martínez había renunciado a la dirección y la doctora Rico quedó en su lugar. La nueva directora, al darse cuenta de que algo pasaba con mi manera de caminar, no dudó en preguntarme qué pasaba:

–Ya no sirve mi prótesis y me molesta mucho.

–¿Por qué no la cambias?

–Porque por ahora no tengo dinero para hacerlo –respondí.

–Pídele al doctor Ortiz que te mande al CREE (Centro de rehabilitación) Iztapalapa con la doctora Conchas, tal vez puedan hacerte una allá, ¿qué te parece?

–Bien, muy bien, ahora mismo voy a verlo –y así lo hice.

Días después fui al otro centro de rehabilitación y me ofrecieron una prótesis muy parecida a la que yo traía pero de material un poco más moderno. Sería más ligera que la anterior pero ellos manejaban pies muy sencillos que, según el protesista, no iba a resistir la actividad a la que yo estaba acostumbrado, así que yo debía conseguir uno por mi cuenta que soportara mayor dinamismo. No tuve ningún problema en conseguirlo. Mi ex maestro y amigo Elias Fermon me orientó para conseguirlo con una distribuidora a menor costo y pude comprarlo. Era un pie dinámico de Otto Book, de manufactura alemana, diferente a lo que yo había usado antes. Éste no tenía articulación en el tobillo, pero era lo más parecido a lo que yo había visto en la conferencia del ingeniero Ortiz. Probé la prótesis y me pareció muy adecuada; me sentí más activo, no sé si por el cambio de sistema o porque estaba recién adaptada, pero mejoré mi marcha y mi actividad en general, aunque no lo suficiente pues seguía sufriendo por las lesiones de costumbre, sobre todo a la altura del tendón rotuliano –por debajo de la rótula–. Para mi desgracia, ése seguía siendo el problema que me causaba mayor frustración.

CAPÍTULO 12

Andrés mi amigo y la bella vida

Se acercaban las vacaciones de verano y con ellas las reuniones; una de ellas resultó muy especial para mí, fue organizada por mis compañeros del ABC en "Las Estacas", Morelos, y Andrés me invitó. "Las Estacas" es un balneario con un área verde muy grande, albercas y un hermoso y helado río, que comienza con un ojo de agua y pasa por una pequeña cueva. En el ojo de agua, la gente suele aventarse desde un trampolín como a cinco metros de altura. En la maleta metí mis shorts, tenis, calcetas largas, vendas y rodilleras por sí tenia que utilizar mi disfraz de futbolista lesionado; también incluí un traje de baño por si me metía a nadar. Después de montar las casas de campaña y de cenar, Andrés sacó las guitarras y cantamos hasta que nos venció el cansancio y nos fuimos a descansar. Yo me quité la prótesis dentro de mi bolsa de dormir pues, aunque ellos ya sabían de mi amputación, aún no me habían visto sin la prótesis y yo no quería que sucediera. Al despertar, lo primero que hice fue ponerme la prótesis y me disponía a disfrazarla cuando entró Andrés y me dijo:

–No inventes, para qué te pones eso si todos te conocemos bien, entre nosotros no tienes nada que ocultar. Durante seis meses usaste un short para las clases de masaje y no pasó nada; mejor apúrate porque ya vamos a desayunar –y se salió.

Tenía razón, con ellos no tenía que esconderme y, por lo que se refería a la demás gente, me sentí tan respaldado por mi amigo que no me importó, así que por primera vez salí a la luz sin ningún disfraz: una calceta normal como en la otra pierna y la desnudez de mi prótesis color carne, lisa y dura, con el cinturón que la sujetaba. Jugamos y luego caminamos cuesta arriba para encontrar el ojo de agua y el trampolín. Yo, con la fuerza que mis compañeros me trasmitían, caminé hasta llegar al trampolín sin importarme que la gente me mirara. Una vez ahí, ellos se aventaron del trampolín y yo recordé que, antes del accidente, en el deportivo "18 de Marzo" había logrado arrojarme desde la plataforma de diez metros, así que la altura no era el problema pero no sabía si mi prótesis soportaría la caída sin salirse de su lugar y perderse en el fondo del río. Decidido, me acerqué a la orilla, jalé el cinturón y lo apreté lo más posible, miré hacia abajo donde me esperaban mis amigos, miré a mi alrededor y noté que la gente estaba pendiente de si ese muchacho con una pierna que parecía de palo sería capaz de arrojarse desde el trampolín, así que no me quedó más opción que respirar profundamente y arrojarme en clavado hacia el agua. Los dos segundos que duró mi caída fueron muy intensos, ya que mi alma se cargó de fortaleza y me mostró las capacidades que aún no había explorado. Cuando mi cabeza tocó el agua sentí que un inmenso placer invadía todo mi cuerpo, y antes de salir a la superficie estiré la mano para cerciorarme de que mi prótesis seguía conmigo. Nadé y el agua helada del río apenas controlaba el calor que sentía por la emoción de haberlo logrado y de sentir las miradas de asombro de la gente. Por poco me aplauden como si yo fuera clavadista de la Quebrada de Acapulco.

Nadamos río abajo y el frío me convenció de salir a tomar el Sol mientras mi mente terminaba de analizar lo que había hecho. Regresamos al campamento y yo no podía ocultar lo satisfecho que me sentía; pude haberlo repetido una y otra vez pero, a decir verdad, el agua era tan fría que preferí permanecer seco.

Al siguiente día fuimos a un lugar cercano pero más boscoso, armamos nuevamente las casas de campaña y fuimos a buscar leña para hacer una fogata. En el camino nos encontramos una vaca con su becerro y Andrés y yo quisimos hacerla de toreros, pero la vaca ni siquiera nos miró. Al menos eso creímos porque, cuando le dimos la espalda, escuchamos que comenzó a correr. ¡Sí, en efecto! ¡Se dirigía a nosotros para embestirnos! después de gritar de susto, corrimos tan rápido como pudimos mientras oíamos que el animal nos perseguía. Varios metros después, y al vernos escondidos tras un árbol, desistió de su afán y regresó con su becerro. ¡Vaya susto que pasamos! pero no paramos de reír por un buen rato y nuestras compañeras no dejaron de burlarse de nosotros. Regresamos con la leña, hicimos la fogata, cantamos, volvimos a reírnos del incidente de la vaca y nos fuimos a dormir. Por cierto, esa noche no oculté mi prótesis dentro de la bolsa de dormir, ya no lo creí necesario pero tampoco dejé que me vieran sin ella. Al siguiente día, cuando estábamos a punto de comenzar a desayunar, se acercó un amistoso y nuestra compañera Geomara, quien es originaria de Amecameca y que tenía contacto con caballos, le dio azúcar al animal con la mano. Al ver la ternura con que el caballo tomaba el azúcar, las demás comenzaron a hacer lo mismo pero Andrés les advirtió que tuvieran mucho cuidado. Nuestra falta de experiencia en el trato con animales nos había provocado un infortunado encuentro con una vaca y nos lo ocasionaría también con el caballo, pues éste se empezó a acercar cada vez más a nuestro campamento hasta que ya no lo pudimos sacar y comenzó a comerse nuestro desayuno; entonces tratamos de ahuyentarlo pero Geomara dijo:

–Déjenme a mí, yo lo controlo.

El caballo levantó los cuartos traseros cuando la sintió acercarse, y la pateó tan fuerte que quedó tendida varios metros atrás de él. Todos corrimos y yo tuve que saltar hacia un lado desde una pequeña loma para evitar que también me golpeara. Nada pudimos hacer: el caballo permaneció unos minutos más y luego se marchó, no sin antes acabar con nuestro desayuno, claro está. ¡Vaya fin de semana tan positivo el mío!, primero salgo por vez primera sin el disfraz en la prótesis; después me tiro un clavado a un río desde una altura de cinco metros delante de no sé cuántos espectadores; una vaca me hace pegar una carrera inesperada y después un caballo me obliga a saltar desde una pequeña loma: superé varios retos en sólo tres días, pero lo mejor estaba aún por venir.

Considero que esta etapa de mi vida está llena de claroscuros: por un lado superaba retos día con día; por el otro, me complicaba la vida tratando de guardar un secreto que ni siquiera debió serlo. Era una condición de mi cuerpo que no tenía por qué avergonzarme; por el contrario, debía estar agradecido por seguir con vida, debía sentirme orgulloso de hacer lo que hacía a pesar de tener una prótesis en la pierna izquierda. Es cierto que para mi familia yo era un ejemplo de fortaleza por enfrentar mi condición como lo estaba haciendo, pero también es cierto que debí enseñarles a enfrentar las cosas sin ocultar nada, sin secretos, sin mentiras y sin avergonzarme de la situación que condicionaba mi vida. Tenía que haber vivido con mayor plenitud esta etapa de mi vida. Debí haber nadado por horas sin detenerme por lo que la gente pudiera decir, ponerme un short, salir a caminar en la playa sin más que mi traje de baño y una gorra para el Sol o jugar fútbol sin ocultar la verdad. No debió importarme lo que las muchachas de mi edad pensaran. Debí comprender desde un principio que mi amputación no condicionaría la aceptación de nadie y que ninguna mujer me rechazaría por la misma razón.

Ahora me doy cuenta de que no soy el único y que hay muchas otras personas amputadas que piensan igual. ¡Están desperdiciando momentos de felicidad insustituibles! nunca podremos regresar el tiempo para corregirlo y seguramente, como yo, se arrepentirán y querrán hacerlo cuando la oportunidad ya haya pasado. No debemos permitir esto; por el contrario, debemos vivir plenamente cada momento. Nuestros familiares deben ayudarnos a lograrlo, no a escondernos y frustrar nuestros deseos. No es difícil, lo único que debemos hacer es intentarlo y aceptar la situación tal como es. En mi caso, debí haber aceptado desde un principio que soy un amputado y así soy feliz.

CAPÍTULO 13

De nuevo triunfo, la primera competición

"On your marks…" fueron las palabras que escuche en el Athletic Centre de Sydney, en Australia, justo antes de correr mis primeros 100 metros en una competencia oficial internacional. Habíamos viajado más de 20 horas para llegar a esa ciudad olímpica, tiempo más que suficiente para recapitular y ordenar todo lo que había sucedido en mi vida. Con incredulidad recordé cómo había llegado esto a mi vida y cómo la había trasformado. Resulta que, cuando por fin llegó la hora de tomar la materia de fisioterapia en el amputado durante mis estudios de rehabilitación, la maestra era la doctora Virginia Rico, quien además era la directora de la escuela. La recuerdo como una mujer justa y ecuánime que trataba de dar su lugar a todos, tan dedicada a su trabajo que llegó a ser la directora del centro de rehabilitación. Estábamos por tocar el tema de amputados de miembro inferior y se me ocurrió pedirle que me permitiera dar la clase que se refería a prótesis, y ella, después de mirarme fijamente, contestó:

–Esta bien, pero quiero una muy buena clase, y con conceptos actualizados.

Yo me pintaba solo para esos retos. En la Universidad Anáhuac tuve como maestro al doctor Arnulfo Gamis Matuk en la materia de Salud Pública y él me enseñó todos los métodos didácticos. Además ya había tomado un par de cursos de exposición en público y debo decir que me encanta dar clases. Los maestros a quienes más admiré fueron aquellos que daban su clase con estilo y gran preparación, como el doctor Jesús Rebón, por eso yo siempre he procurado hacerlo bien. Al llegar a mi casa le llamé al ingeniero Ortiz y, mientras esperaba que tomara la llamada, se me ocurrió que podía "ponerle más crema a mis tacos" y mostrarle a la doctora Rico mi estilo para dar una clase. ¿Qué tal si iba a Guadalajara a fotografiar las prótesis que el ingeniero Ortiz adaptaba y así montar mis diapositivas? El ingeniero respondió la llamada:

–Buenas tardes, habla Salvador Carrasco, soy estudiante de fisioterapia y quisiera tener una entrevista con usted; escuché su conferencia en el curso de la Cruz Roja y quisiera más información acerca de su trabajo.

–Si gustas, puedes ir a mi oficina en México a recoger folletos de las prótesis.

–No, prefiero verlo en persona por si tengo alguna duda. Además quiero ver las prótesis y, si es posible, tomar algunas fotografías.

–Bueno, si es tan importante para ti, te espero cuando quieras.

Recordé que estábamos a punto de salir de vacaciones de Navidad y que mi amiga Isabel se iría en unos días a Guadalajara, donde vivía toda su familia. Tal vez ella podría ayudar.

–¿Puede ser este sábado?

–Sí, yo llego como a las 11 de la mañana. ¿Tienes la dirección?

–Sí, aquí tengo su tarjeta; nos vemos el sábado. Gracias.

Cuando estaba punto de abordar el tren, y justo cuando se escuchó el grito de: "vámonos", me pregunté "¿qué diablos hago aquí?", pero algo dentro de mí me obligaba a no retroceder. Sólo Dios sabía por qué hacía las cosas, y debía ir a Guadalajara.

Llegué a la ciudad de las tortas ahogadas en punto de las 9 de la mañana. Isabel, fiel a su costumbre, llegó una hora después por mí y me llevó a la oficina del ingeniero Ortiz, que se encontraba muy cerca de la estación de ferrocarril. El ingeniero no estaba cuando yo llegué, así que me senté en la sala de espera mientras veía las fotografías de un joven amputado por debajo de la rodilla, como yo, que tenía una prótesis muy extraña, sin cubierta cosmética y, en vez de cinturón, estaba sujeta por una especie de manga que iba desde el socket hasta la mitad del muslo. Minutos más tarde, entró el ingeniero.

–Ingeniero, aquí lo busca el muchacho que viene de México –dijo la secretaria.

Me levanté a saludarlo y me pidió que lo esperara; mientras tanto, le ordenó a uno de sus ayudantes que me enseñara algunas prótesis, que me diera folletería y que me pasara a una oficina pequeña donde había más fotos. Acomodaron varias prótesis recargadas contra la pared y me dieron los folletos.

–Dice el ingeniero que veas estas prótesis y tomes las fotos que necesitas; él estará contigo un poco más tarde.

–Gracias –contesté, y de inmediato me di a la tarea de examinar detalladamente cada una de las prótesis, les tome todas las fotografías que pude y las grabé en video. Después de tres horas, el ingeniero por fin pudo atenderme.

–¿Ya tienes la información que buscabas?

–Ya –le respondí–, pero tengo varias dudas que me gustaría consultar con usted.

Comenzamos una platica de más de 30 minutos y él estaba cada vez más sorprendido por el interés que yo mostraba en todo lo que él hacia; me explicó el funcionamiento de cada una de las prótesis y los materiales que utilizaban las prótesis actuales. En un momento de silencio, el ingeniero me preguntó la razón de mi interés, pues era la primera vez que un estudiante se interesaba tanto y era raro que viajara sólo para aprender. Me quedé callado unos segundos y algo me decía que debía decirle la verdad.

–Bueno, la verdad es que, además de ser estudiante, yo uso una prótesis.

Noté su sorpresa. ¡Nuevamente estaba frente a un experto que no había notado mi condición de amputado!

–Ya decía yo que era raro, a ver, ¿qué tipo de prótesis traes?

Me descubrí entonces la prótesis y se llevó la segunda sorpresa:

–Caminas muy bien para traer esta prótesis. Dime, ¿por qué no usas algo mejor?

–En realidad no uso lo que quiero, sino lo que puedo.

Yo tenía, como siempre, una pequeña herida a la altura del tendón rotuliano. Me pidió que me quitara la prótesis y empezó a examinarla:

–No está mal –me dijo–, pero esa herida debe molestarte mucho. No tienes por qué lastimarte así. Préstame tu prótesis y déjame ver qué le puedo hacer para mejorarla –y se la llevó al laboratorio.

Minutos después salió con ella en la mano: le había quitado el cinturón con el que se sujetaba y en su lugar traía una de esas mangas como la que había visto en las fotos, luego me dio una media especial de silicón y, al ver mi cara de susto, me dijo:

–No te preocupes, con esto te vas a sentir mucho mejor. Ya verás.

Mientras me colocaba los nuevos implementos, él me cuestionó casi todo sobre mis costumbres: qué edad tenía, si era soltero, si tenía hijos, si tomaba, si fumaba. Me pareció que eran demasiadas preguntas, como se me estuviera investigando. Entonces llegó la pregunta más importante:

–¿Te gusta el deporte?

–Sí –respondí–, de hecho, antes de mi accidente corrí la maratón de la Ciudad de México, y he jugado fútbol en la universidad; en realidad lo practico hasta donde me es posible.

Terminé de ponerme la prótesis y me levanté para ver cómo la sentía, bajo la mirada examinadora del ingeniero. Me comentó que efectivamente mi cuerpo era de deportista.

–¿Por qué no haces más deporte? –preguntó–. Correr, por ejemplo; tú podrías hacerlo muy bien y ya hay prótesis con las que puedes hacerlo. ¿No te gustaría?

¡Vaya pregunta! ¡Claro que me gustaría! lo que no tenía era la prótesis adecuada para hacerlo, pensé pero guardé silencio mientras interpretaba su pregunta. No me parecía una pregunta orientada a la venta, sino una pregunta mucho más sofisticada que ansiaba una respuesta positiva:

–Sí, me encantaría, pero mi prótesis es lo único que puedo tener por el momento. Quizá más adelante.

–¿Tienes disponibilidad para viajar?

–Sí, no tengo problema, ¿por qué?

–Si tú estas dispuesto a retomar tu vida deportiva y te comprometes a aprender a correr, sin descuidar tus estudios, yo puedo ayudarte con la prótesis. Sólo tendrías que venir por tu cuenta a Guadalajara para que te la hagamos. ¿Qué te parece?

Me hubiera gustado ver mi cara en el espejo… ¡lo que me estaba proponiendo era que yo me dedicara al deporte! y que no me preocupara porque él me ayudaría con la prótesis.

–¡Por supuesto! –contesté–. Usted sólo dígame cuándo debo volver y listo.

Me pidió que caminara un poco para que sintiera la prótesis y me dio información sobre un congreso en Cozumel, y un curso de prótesis en Guadalajara. Después puso un video que era como un promocional de competencias, pero en silla de ruedas ¡y yo no usaba silla de ruedas!

–Fíjate bien –me dijo, y me sorprendí cuando salieron unos atletas corriendo los 100 m planos a una velocidad increíble. Todos ellos usaban una prótesis como yo. Terminó el video y el asombro no me permitía pensar. Si yo consideraba que corría, ¡entonces lo que había visto era volar! El ingeniero me dijo que le gustaría que tomara el curso, que yo sería un paciente modelo para el curso y que, posteriormente, unos atletas paraolímpicos me enseñarían a correr:

–Eso que viste en el video es lo que quiero que hagamos, ¿qué te parece?

En mi sonrisa se vislumbraba todo lo que estaba pensando que podría hacer. Me pidió mis datos personales y me dijo que me llamaría para que yo fuera a Guadalajara, para tomarme medidas y hacer moldes de mi muñón. Me despedí con la sensación de haber encontrado un camino diferente para mi vida. Me mostré sinceramente agradecido por las composturas de mi prótesis y por la propuesta. Además, tuve la sensación de que el ingeniero Marlo Ortiz y yo haríamos una excelente mancuerna, y no me equivoqué.

Isabel y su hospitalaria familia me atendieron estupendamente el resto del día y me llevaron a la estación de trenes por la noche. En punto de las 21:00 horas se escuchó el grito de "vámonos". Mientras atravesaba la Sierra Madre Occidental, mi mente comenzó a trabajar a todo vapor: cómo conseguir recursos, cómo iba a ser mi vida ahora que podría regresar al deporte y competir por mi país…, como siempre, comencé a fantasear con este nuevo proyecto. Arrojé por la ventana el cigarro que me estaba fumando y la cajetilla entera, pues mi vida estaba retomando el rumbo del deporte y desde ese momento me debía comportar como un deportista. No volví a fumar durante muchos años. Me di cuenta entonces de que ese viaje no había sido planeado por mí, sino por alguien más poderoso. ¿Dios, quizá? Por algo había cambiado de escuelas; de lo contrario, no me hubiera enterado nunca del curso de la Cruz Roja. Por algo me había lastimado; de lo contrario, no me hubieran permitido asistir al curso. Por algo guardé la tarjeta del ingeniero durante tantos meses y, si no mal recuerdo, algo no explicable me impulsó a realizar ese aventurado e improvisado viaje en busca de información para mi clase, sin saber que, además, me encontraría nuevamente con mi destino.

Al llegar a México me dirigí de inmediato a la cafetería de mi papá, pues no podía esperar más para contárselo. Se puso tan feliz como yo esperaba y de inmediato trazamos planes para impactar al ingeniero y que estuviera seguro de que nuestra alianza funcionaría. Al siguiente día, ya de vacaciones de la escuela, me dispuse a visitar a mis tíos Gabriel y Ricardo. El primero tenía un negocio de ropa y el segundo de comida, así que se me ocurrió que podían ser mis patrocinadores y ayudarme con los traslados y los gastos. Sin embargo, yo tendría que ofrecerles alguna ganancia, como salir en el periódico o la televisión. Mi tío Ricardo me dijo que él no necesitaba publicidad, pero de cualquier forma me ayudó con dinero para los primeros viajes. Mi tío Gabriel, aunque tampoco necesitaba publicidad, aceptó ser mi patrocinador, me dio un par de playeras y sudaderas con su marca en el frente y me entregó una cantidad suficiente para ir y venir de Guadalajara en el tren. Sólo tenía que esperar la llamada del ingeniero y sucedió muy pronto.

Mientras tanto, mi familia poco a poco se enteraba. Mi mamá se lo contó a sus hermanos y mi tío Octavio sugirió que le llamara a Juan Carlos Vargas, el papá de su nieta, a quien acompañé alguna vez a cubrir algún partido del América en el Estadio Azteca. Trabajaba como jefe de la sección de deportes en el periódico El Nacional. Le llamé a su oficina para comentarle mi situación y pedirle que me orientara para poder dar a conocer la noticia. Él me citó en su oficina y, cuando llegué a la redacción, le expliqué todo el asunto con más detalle. Entonces llamó a una reportera llamada Erica Gabriela Juárez y ella realizó la primera entrevista en mi carrera deportiva, me hizo varias preguntas y luego pidió que me tomaran una foto. El reportaje salió al siguiente día. Hasta entonces no me había percatado de que mi secreto, que había guardado tan celosamente durante diez años, estaba a punto de dejar de serlo gracias a una publicación periodística. En realidad lo entendí hasta que leí el artículo. Curiosamente, también por vez primera no me resultó difícil hablar de mi amputación con gente extraña y ni siquiera con una joven y guapa mujer.

Llegaron las fiestas navideñas y yo tenía mucho que festejar y muchos proyectos por emprender para el año nuevo. La temporada fue completamente distinta a la de diez años atrás, cuando despertaba de una pesadilla. Ésta era el comienzo de un hermoso sueño que comenzaba a hacerse realidad. El destino ya había hecho su parte y ahora todo dependía de mí. Por fin, durante las primeras semanas del año, llegó la llamada:

–Chavo, te llama Marlo Ortiz de Guadalajara.

El ingeniero me necesitaba desde el viernes, así que pedí permiso en la escuela y el jueves a media tarde salí rumbo a la estación de Buenavista.

Al llegar a Guadalajara, me hospedé en un hotel económico frente a la estación, dejé mi equipaje y fui directamente a la oficina del ingeniero Ortiz. En cuanto llegó le mostré el ejemplar del periódico para que leyera la entrevista, que sería la primera de las muchas notas periodísticas que compartimos. Después me pasó al privado donde se hacen los moldes y comenzó con su trabajo, muy distinto a lo que yo acostumbraba en cuanto a tecnología y técnica. Tomó un par de moldes y me pidió regresar el sábado para la prueba con los sockets. Al siguiente día me mostró los sockets de prueba, algo totalmente nuevo para mí pues eran transparentes, de tal forma que se podía ver con claridad y corregir lo que fuera necesario. Me pareció fabuloso. Hicimos pruebas durante toda la mañana hasta que quedó perfecto. Salimos a la calle para que caminara un poco más y le dijera cómo me sentía; camine por varios minutos y después me pidió que trotara un poco. ¡Fue grandioso! Sólo era una prótesis de material muy rígido por ser para pruebas, pero de inmediato sentí la diferencia. Marlo se dio cuenta que podía correr quizá mejor de lo que él esperaba y se sintió complacido. Al volver le entregué la prótesis y él me indicó que estuviera listo para el curso, que sería en mes y medio, así que regresé a México para prepararlo todo.

Parte de los preparativos era conseguir que más periódicos me ayudaran a difundir el curso que se realizaría en marzo en Guadalajara. No sabía como hacerlo, así que se me ocurrió llamarle a mi amigo Miguel Ángel a la redacción de deportes del Reforma. Le comenté mi idea y él me puso en contacto con el editor quien, a su vez, me comunicó con un reportero para que concertáramos la entrevista. Pensé que podía hacer lo mismo con los demás diarios importantes del país, así que llamé a El Universal y al Excélsior y en ambos conseguí entrevistas. Entre el 9 y 10 de febrero, los tres periódicos publicaron los artículos que hablaban de mis intenciones de integrarme al deporte de alto rendimiento y del curso–clínica que se realizaría en Guadalajara. El artículo más extenso se publicó en el Excélsior en dos partes. Por cierto, agradezco profundamente al periodista Sergio Lara Mejía, quien no sólo hizo el reportaje sino que incluyó conceptos muy halagadores y motivantes. Lara incluso le dio importancia a la historia desde mi accidente, y al esfuerzo que representaba salir adelante de un desafortunado evento como el mío.

Uno de los primeros en ver los reportajes fue José Maria, mi amigo, quien al día siguiente me invitó a cenar para festejar lo logrado hasta el momento. Orgulloso de mí, comenzó a presumir el periódico con quien fuera, incluso con la dama que nos servía las bebidas.

–A él tráele algo sin alcohol, porque es un deportista famoso –al tiempo que le mostraba la página del periódico. El apoyo moral de José María fue muy importante; unos años antes me había ubicado en mi realidad y ese día presumía con orgullo que por fin había superado mi complejo.

Sin embargo, no había podido captar la atención de la televisión.

Llevé los videos que Marlo me había dado a las dos televisoras, pero no les interesaron.

Con el apoyo de mis tíos, preparé mi viaje en una línea aérea alterna a las principales y que costaba un poco más que un boleto de camión. Si las ilusiones, esperanzas y sueños tuvieran peso físico, seguro que hubiera tenido que pagar exceso de equipaje. Mi entusiasmo superaba los límites conocidos y sentía que mi vida sería diferente después de este curso. Durante diez años, mi vida había trascurrido en una lucha entre mis ganas de hacer deporte y los límites que mi prótesis me ponía; entre el entusiasmo de jugar un partido de fútbol y el sufrimiento del día siguiente.

Cuando llegue al hotel, Marlo me recibió y me llevó a que me registraran. Me comentó que al siguiente día llegaría Mario, quien era el amputado que había fotografiado para las diapositivas del curso de la Cruz Roja y para los cuadros de sus oficinas. Al día siguiente comenzaron a llegar los invitados; uno de ellos era el doctor Velázquez del Hospital de Traumatología de Magdalena de las Salinas. Marlo me presentó a los instructores: Wein, protesista de Estados Unidos, Van Phillips, creador de los pies Flex Foot, además de Dennis Oheler y Todd Saffhauser, atletas paraolímpicos. Dennis, amputado debajo de la rodilla como yo, era a quien había visto en el video un mes atrás y poseía el récord de los 100 metros planos con 12.11 segundos. Su saludo fue un abrazo fraternal que inició una amistad instantánea basada en la compatibilidad de caracteres y la identificación por ser dos personas amputadas, una con una superación evidente y la otra a punto de hacerlo.

El curso inició con la parte teórica de los protesistas y yo me senté en la última mesa para dominar todo el panorama. Por la noche llegó Mario y el ingeniero nos presentó porque compartiríamos la habitación. Al siguiente día dio inicio la parte práctica, donde nos hicieron un socket nuevo con materiales novedosos, como acostumbraba Marlo Ortiz. Fue un método completamente novedoso para mí. Al regresar de comer conocí a otros dos amputados: Luis Martín García y Gisela, quienes también servirían de modelos para el curso. Luis era amputado arriba de la rodilla. Los protesistas trabajaron y en un par de horas estaba listo lo que ellos llamaban socket de prueba, que es un socket preliminar que todos los protesistas debieran hacer antes de fabricar el socket definitivo; es de plástico económico y transparente, con el que se pueden corregir los defectos del molde. Fue la primera prueba y me asombró cómo me sentía con ese nuevo socket a pesar de no ser el definitivo y estar demasiado rígido. El curso terminaba por ese día pero Marlo y un par de protesistas trabajaron en el taller, hasta altas horas de la noche, en los sockets definitivos para los cuatro pacientes modelo que estábamos allí, con la esperanza de que este curso nos diera una mejor calidad de vida.

Al siguiente día, a sugerencia de Dennis Oheler, los cuatro amputados nos reunimos en el restaurante del hotel cede para formar una asociación. Yo me atreví a asumir la responsabilidad de dirigir la improvisada asamblea, en la cual los cuatro expresamos intereses muy similares en cuanto a ayuda mutua, compartir experiencias, defendernos entre nosotros y formar un equipo deportivo que buscara estar presente en los juegos paraolímpicos de Atlanta ´96.

La asamblea se dio por terminada tras haber acordado los objetivos de la asociación y la mesa directiva: yo como presidente, Luis como secretario, Mario como vocal y Gisela como tesorera. Nos tomó mucho tiempo definir el nombre de la asociación, pues tenía que sonar bien y las siglas debían tener concordancia. AMAPP (Asociación Mexicana de Atletas y Personas Protésicas) fue el primer nombre. Terminó la asamblea y fuimos de inmediato a comentárselo a Marlo y al mismísimo Dennis. Recibieron la noticia con agrado, pero al saber la traducción del nombre comenzaron nuestros problemas. Dennis preguntó:

–¿Protésicas?, ¿puede inscribirse entonces una persona con prótesis en los ojos? O qué tal una señora con prótesis de mama, o alguien con prótesis dental…

–No, por supuesto que no –contesté.

–Entonces el nombre está mal. Ustedes deben comprender una cosa: como Todd y yo, ustedes son personas amputadas, no protésicas; es una condición que no podemos cambiar y que no elegimos. Dios así nos quiso y nosotros debemos amarnos así como somos. Trabajen un poco más con el nombre.

Dennis tenía razón y nuestro pretexto, es decir, que sonaba un poco agresivo para la sociedad en la que vivíamos, había quedado sin efecto. Así que en la ciudad de Guadalajara, el día 4 de marzo de 1995, fundamos la Asociación Mexicana para Atletas y Personas Amputadas, A. C. (A.M.A.P.A.)

Por fin nos probamos las prótesis y a los cuatro nos quedó de maravilla. Después nos dirigimos al estadio de la Universidad de Guadalajara para ocupar la pista. Andrés, mi compañero y amigo de la escuela, ya había llegado para acompañarme cámara en mano en mi aventura, junto con mi madre y mis primas. Nos esperaban unos cuantos reporteros y un camarógrafo de televisión local. ¡Estábamos realmente emocionados porque tendríamos nuestra primera entrevista para la televisión! Ya en la pista, Dennis comandaba las acciones y comenzó por enseñarnos estiramientos; después trotamos alrededor de la pista olímpica y al regresar comenzamos los ejercicios de técnica de carrera. Mi sueño de correr como había visto a Dennis en el video comenzaba a tomar una forma más real y Marlo estaba feliz de ver que sus pacientes amputados se convertían en atletas amputados. Su sonrisa que reflejaba orgullo por su trabajo y yo quería hacerle saber que yo estaba dispuesto a lograr el sueño de ambos aunque aún no corriera tan rápido como Dennis.

Una vez terminada la clínica, estaba todo listo para dar inicio al ambicioso proyecto. Yo ya tenía una prótesis de alta tecnología que me permitía correr como cualquier otro corredor. Era completamente negra, con el pie de fibra de carbono plano de atrás y adelante, y 10 centímetros de ancho, sujeta con una manga de silicón transparente y sin cubierta cosmética, así que no se parecía para nada a una pierna natural; por el contrario, parecía sacada de una película de ciencia ficción pero me servía tanto como mi pierna derecha. Contaba con el respaldo del mejor protesista que pude haber encontrado, mi familia me apoyaba incondicionalmente y sólo faltaba ponerse a trabajar.

Debía ir al notario a registrar la asociación, buscar un lugar donde entrenar y acercarme a las autoridades deportivas competentes para que apoyaran nuestro proyecto. El primer lugar donde entrené fue en el club Mayorca, perteneciente al YMCA, donde mi tío Gabriel era socio desde hacía muchos años y por ello obtuvo el permiso del gerente el Sr. Gaona, para que yo entrenara allí. Cada día corría más y más metros sin ninguna dificultad; aunque todavía no definía a qué tipo de competencia enfocar mis esfuerzos, yo me preparaba físicamente.

El centro deportivo celebra una tradicional carrera con motivo del Día del Padre y decidí participar. Eran sólo 5 kilómetros pero para mí en esa época era un verdadero reto; no obstante, corrí más rápido que cerca de la mitad de los participantes y me coloqué en el tercer lugar de la categoría juvenil. Para muchos fue sorprendente, pues no es común ver correr a una persona con prótesis, pero para mi tío Gabriel fue motivo de orgullo y me sugirió, de acuerdo con mis cualidades, dedicarme a carreras de velocidad. No deseché la idea y comencé a trabajar en ello.

CAPÍTULO 14

Mi carrera deportiva

Un día, en un programa deportivo, vi a un grupo de deportistas en silla de ruedas que daban a conocer su triunfo en un campeonato mundial. También transmitieron imágenes de las carreras de amputados y el entrevistador, sorprendido, preguntó si en México existían ese tipo de atletas. Armando Ruiz, quien comandaba al grupo, respondió al punto que no. Mi indignación me llevó entonces a conseguir una entrevista con el presidente de esa federación. Para entonces ya se había sumado a la asociación un compañero más, Ramón Ríos: amputado arriba de la rodilla que había sufrido un accidente en moto, que por azares del destino había llegado a las oficinas de Marlo para hacerse una prótesis y que tenía los mismos deseos que yo de practicar el deporte de alto rendimiento. Juntos preparamos un proyecto por escrito y bien detallado para presentarlo en la cita con el Lic. Armando Ruiz, presidente de la Federación de Deportes sobre Silla de Ruedas y único representante del deporte adaptado en ese momento. Después de sorprenderse y revisar nuestro proyecto, el Lic. Ruiz y Gerardo Badillo nos consiguieron mucha información, como pruebas en las que podríamos competir, categorías, marcas, etcétera. Además, nos canalizaron con el entrenador nacional de atletismo en silla de ruedas, quien nos facilitó el acceso a la pista del estadio "Palillo" en Ciudad Deportiva y nos registró como parte del equipo del Distrito Federal, aunque confesó que no sabía nada del tipo de entrenamiento que haríamos. Armando Ruiz garantizó su apoyo en todo lo que estuviera en sus manos.

Lo primero que supimos es que existían dos categorías principales: la T44 para amputados debajo de la rodilla y la T42 para los amputados arriba de la rodilla; los deportes eran atletismo de pista y campo, bolibol y otros. Las pruebas de pista eran 100, 200 y 400 metros, salto de longitud y lanzamientos de bala y disco. Así que ahora teníamos que conseguir un entrenador y casualmente el sábado siguiente mi papá conoció a un entrenador, a quien le habló de mi caso.

Pablo Guadarrama, "el Negro", tenía una disposición que difícilmente se encuentra en cualquier persona; platicamos un poco y su entrega se veía de inmediato. Nos pusimos de acuerdo para el primer entrenamiento, y me refiero a Ramón y a mí, pues Luis estaba en Guadalajara y entrenaba según un programa que Todd le había dejado. Llegamos a la pista de tartán del estadio Jesús Martínez "Palillo" y empezamos a calentar como nos habían enseñado en Guadalajara, mientras Pablo nos observaba para conocer nuestras habilidades y poder planear nuestro entrenamiento. Día con día llegaba a ponernos un reto nuevo para saber hasta dónde podíamos llegar. Casi todo lo realizábamos y sólo nos limitaban las cuestiones técnicas. Además, con él aprendí lo que es la actitud adecuada de un atleta:

–Chavo, ¿disfrutas una fiesta?

–Sí, por supuesto.

–Y cuando vas a una fiesta, te arreglas, te perfumas, te rasuras, ¿o no?

–Sí, claro. ¿Por qué?

–El entrenamiento también debe ser algo que se disfrute, así que debes asistir a él bien arreglado, limpio, rasurado, perfumado, peinado y despierto; ésa es la actitud que distingue a un deportista campeón de los del montón, así que de hoy en adelante quiero verte con esa actitud. Si no, yo no te entreno más.

Tenía razón, y a partir de ese día tomé la actitud que él me enseñó en cada uno de mis entrenamientos, y todo esa carga positiva se reflejaba en mi rendimiento en la pista. Comenzamos a enfocarnos en programas de carreras de 100 y 200 metros, además del salto de longitud. La primera vez que me tomaron el tiempo en 100 metros hice 14.50 segundos, pero aún no sabíamos cuáles eran los parámetros de las marcas internacionales.

Los tratos con la federación de silla de ruedas cada día iban mejor; con el respaldo de Armando Ruiz y las investigaciones de Gerardo Badillo nos enteramos de las marcas que se pedían para clasificar en los juegos paraolímpicos de Atlanta: 13.80 segundos en los 100 metros. Yo estaba aún muy lejos, pero había tiempo suficiente y sabía que lo que tenía que hacer era dejar el alma en el tartán en cada uno de los entrenamientos, además de confiar en que eso me haría llegar a la meta. No quise que se me cronometrara otro 100 hasta que no fuera algo más oficial y con un cronómetro electrónico que nos diera un tiempo real. Sin embargo, mientras eso sucedía, nosotros sentíamos la necesidad de informar a toda la gente de nuestra existencia y que otros amputados conocieran otras opciones para mejorar su calidad de vida, así que se nos ocurrió citar a la prensa para darles una demostración de nuestras capacidades. El 30 de octubre de 1995, Marlo y yo preparamos la demostración en el estadio "Palillo" con los medios más importantes, como Televisa, TV Azteca y los principales diarios. Luis Martín vino desde Guadalajara para el evento y Marlo invitó a un amputado que tenía los mismos deseos de superación que nosotros: el teniente coronel José Antonio Cázares Ayala, a quien sentía que ya conocía de tanto que me habían hablado de él. El teniente se sumó al equipo con un derroche de fuerza y energía que contagiaba a todos, además de su sentido del humor que se complementó perfectamente con el mío. Se puso a las órdenes de Pablo y se comportó con nosotros como si fuera parte del equipo desde el inicio. Cuando los representantes de los medios llegaron, no sabían a ciencia cierta cuál era el motivo de la cita pero, cuando nos vieron correr, notaron que valía la pena hacer un reportaje sobre nosotros.

Al día siguiente, las dos televisoras transmitieron reportajes especiales y los diarios invitados hicieron lo propio. El "Universal" destinó más de tres cuartas partes de la página 7 de la sección deportiva, con tres fotografías a color y una más en la primera página de la sección.

Después de ese día, José Antonio se integró de lleno al grupo y día con día se presentaba a los entrenamientos bajo las indicaciones de Pablo. A las pocas semanas se unió un amputado más: Rubén Fuentes, un jovencito con prótesis de madera arriba de la rodilla. Su cabello largo y descuidado mostraba la rebeldía que sentía por la vida debido a que no superaba todavía su amputación, y usaba una playera de Jim Morrison que le dio el apodo con el que se le conoce hasta la fecha: "el Morris". Afortunadamente su integración al equipo le dio una nueva perspectiva de vida y logramos contagiarlo de nuestro entusiasmo. El equipo era cada vez más grande, pero nuestro futuro deportivo aún era incierto. Afortunadamente, algunos meses después se presentó la oportunidad: Gerardo le propuso a Armando que dentro de los juegos nacionales en silla de ruedas se hicieran unas pruebas de exhibición con atletas amputados. Todos nos sentimos muy entusiasmados cuando la propuesta fue aprobada, pues era nuestra gran oportunidad de mostrarnos en plenitud en una competencia. Para mí representaba la oportunidad de competir contra el reloj con sistema electrónico de registro de llegada, casi tan exacto como el fotofinish.

Llegado el 10 de diciembre, nos presentamos en las instalaciones deportivas del Instituto Politécnico Nacional en su plantel Zacatenco, en la pista del estadio "Massieu". Cuando Gerardo nos avisó que estaba todo listo para la primera prueba, que sería la de los 100 metros, los nervios me invadieron y comencé a caminar de un lado a otro de la pista, esperando que pasaran los minutos para prepararme. Marlo, que había viajado desde Guadalajara con Luis Martín para las competencias, revisaba las prótesis para asegurarse de que no fallara nada. Pablo intentaba averiguar la hora exacta de la prueba y las personas que pasaban por ahí se sorprendían al vernos en shorts con esas prótesis tipo espacial. Nadie sabía que estaban a punto de presenciar la primera competencia en México de corredores amputados con prótesis de alta tecnología.

–Muchachos, es hora, a calentar porque corren en 20 minutos.

Los nervios se convirtieron en un golpe de adrenalina pura que me aceleró el corazón y me levanté para seguir las instrucciones de Pablo: trote ligero, estiramientos, "arrincones", etcétera. No sé si era para calentar o para bajar la ansiedad, pero definitivamente estaba preparado para correr más rápido que cualquier otro día.

Primero se efectuarían las competencias de silla de ruedas y después nuestras categorías. Nos registramos y después nos dirigimos a un lado de la línea de arranque para aflojar los músculos y practicar la salida con el disparo de los hits que nos precedían. De pronto, una juez dijo:

–Categorías T44 y T42, preparados.

Nos acercamos a la línea de salida y nos pidieron que tomáramos nuestro carril; a mí me tocó el 8.

–Competidores, a sus marcas... –me coloque en posición de salida, respiré profundamente y esperé.

–Listos... –y sonó el disparo. Arranqué tan rápido como pude y no descansé hasta cruzar la meta; la prueba pasó en un abrir y cerrar de ojos y no sabía aún en cuanto tiempo había corrido esos 100 metros. Me acerqué a donde todos esperaban el resultado oficial de la computadora avalado por los jueces y, minutos más tarde, antes de que me hubiera recuperado por completo, el sonido local anunció mi primer tiempo semi–oficial. Sabía que era primer lugar pues era el único en mi categoría, pero lo que importaba era el tiempo:

–¡Atención! Resultados de los 100 metros planos categorías T44, primer lugar, Salvador Carrasco con un tiempo de 13.90 segundos...

Increíble, apenas un año atrás no podía correr bien y mis sueños deportivos se concretaban a ser portero de un equipo escolar de futbol.

Diez meses atrás alguien había cambiado mis expectativas de vida y me había facilitado las cosas para dar un giro de 180 grados. Hacía apenas seis meses que me preparaba físicamente para correr. Cuatro meses antes, Pablo me cronometró un 100 en 14.5 segundos, muy lejos de la marca buscada, y el 10 de diciembre había registrado apenas una décima más que la marca mínima requerida para entrar a los juegos paraolímpicos. Mi vida era completamente diferente: ahora era un atleta de alto rendimiento con la esperanza bien fundada de pertenecer a una selección nacional para asistir a un campeonato internacional, o tal vez los juegos paraolímpicos de Atlanta 1996.

Mi papá estaba muy orgulloso de mis logros, él sabía que después de ese día nada me detendría en mi lucha por portar algún día un uniforme nacional y representar a mi país. Alguien de la prensa se enteró de lo sucedido y más de dos periódicos publicaron la noticia: "Mexicanos amputados más cerca de Atlanta". Esto llamó la atención a Armando Ruiz, quien se dedicó a buscar una competencia donde pudiéramos dar la marca de manera oficial mientras yo continuaba entrenando para mejorar mi técnica y velocidad, sin olvidar los consejos de mi padre y de Pablo. Marlo comenzó a trabajar para lograr optimizar la prótesis: era como trabajar en los pits para hacer una prótesis mas rápida, mejorar los sockets, disminuir el peso, modificar alineación, dar más punta al pie, abrirlo un poco más, etcétera. Marlo estaba tan entusiasmado como yo, así que éramos una mancuerna que trabajaba para un solo objetivo: bajar los 13.8 segundos. En esta etapa, a José Antonio lo invitaron a trabajar en la administración de un nuevo hospital y me invitó a trabajar con él cuando no entrenábamos. Un reportero de Televisión Azteca nos hizo un reportaje que no sólo abarcaba nuestra vida deportiva, sino también la laboral y personal, cómo enfrentábamos la vida cotidiana y cómo seguíamos siendo productivos. El reportaje nos mostraba además como grandes amigos y era verdad, pues cada vez compartíamos más cosas.

Poco después, Armando me avisó que había un campeonato internacional al que podíamos asistir para dar las marcas: el Australian Multidisable Championship. No podía creerlo, el campeonato tendría lugar nada menos que en Sydney, la ciudad del Opera House y de los canguros, justo al otro lado del mundo. Enviamos los formularios y a los tres días nos informaron que habíamos sido aceptados.

Una vez que Armando confirmó que estábamos inscritos al campeonato de Australia, renunciamos a nuestro empleo en el hospital para dedicarnos a la preparación final y concentrarnos al 100% en los entrenamientos, nuestra alimentación y el descanso requerido para estar en óptimas condiciones. Los atletas que representarían a nuestro país en el campeonato internacional seríamos José Antonio, Ramón Ríos, Gilberto Alavez y yo, y seríamos la primera selección nacional de atletas amputados en la historia de nuestro país. No sólo estaba cumpliendo mi sueño de formar parte de una selección nacional, sino que estaba también escribiendo mi nombre en los libros del deporte nacional como pionero en este ramo, aunque para las autoridades deportivas no era tan importante. Después de todo, en esa época nuestro deporte no tenía relevancia y éramos el relleno del deporte nacional, a pesar de que éramos los que mejores resultados dábamos a nuestro país, como hasta hoy. Eso sí, cuando llegaban las medallas, todos se querían colgar de ellas, pero ése es otro tema.

Sentí una satisfacción enorme cuando fuimos a la CONADE a recoger los uniformes: el pants con los colores nacionales y la palabra MÉXICO en la espalda. José Antonio y yo agregamos una bandera en el lado izquierdo del pecho y un par de insignias en las mangas, y fue cuando comprendí que portar un uniforme nacional no sólo es motivo de orgullo, sino que representa la enorme responsabilidad de representar a los 100 millones de mexicanos que depositan su confianza en nosotros. Con orgullo, dignidad y respeto portamos nuestros uniformes el día 27 de marzo de 1996, fecha en que partimos rumbo a Sydney.

Por desgracia, debido a los reglamentos de la federación, Pablo Guadarrama no pudo viajar con nosotros por no ser oficialmente nuestro entrenador, pero de cualquier forma compartiríamos nuestros logros con él. Al presentar nuestros documentos comenzó la odisea, pues alguien nos había dicho erróneamente que no se necesitaba visa para Australia. La línea aérea no nos permitía subir al avión pero, para nuestra fortuna, el reportero Carlos Téllez estaba presente e intervino para que la línea aérea nos ayudara a conseguir las visas desde México. Los agentes se comunicaron con el cónsul del aeropuerto de Sydney, expusieron nuestro caso y resaltaron que éramos una selección nacional sin tiempo para tramitar las visas en México.

El avión que nos llevaría estaba demorado, lo que dio tiempo a esperar la respuesta el cónsul, quien pidió toda la información del campeonato y esperó a confirmarla con el comité organizador. Todo este trámite no es muy común, pero nosotros tampoco lo éramos. Llegó el avión pero no así la respuesta. Los demás pasajeros comenzaron a abordarlo y nosotros ya éramos presa de la ansiedad y la tristeza. Los encargados del vuelo nos pidieron que nos acercáramos a la sala de abordar para esperar ahí la respuesta y el capitán del vuelo accedió a esperar diez minutos más, a pesar de que ya estaba demorado. Carlos Téllez grababa las entrevistas por si se nos autorizaba abordar y, justo cuando el capitán dio la orden de cerrar la puerta, se escuchó en el radio del despachador del vuelo:

–Ya pueden abordar los del equipo mexicano. Desde aquí daremos instrucciones a la tripulación al llegar a Sydney.

Al subir nos recibieron los aplausos de los pasajeros, quienes ya habían sido informados de la situación por el piloto. Nos sentamos y nos dedicamos a gozar de las atenciones de las azafatas, quienes nos felicitaron por el altavoz. En Los Ángeles apenas tuvimos tiempo de cambiar de avión por el retraso del vuelo.

En el aeropuerto internacional de Sydney, el suspenso se apoderó nuevamente de nosotros cuando escuchamos que una de las azafatas decía que los mexicanos del equipo deportivo debían permanecer en el avión hasta que el agente de migración autorizara nuestra salida. Después de unos minutos, el agente nos llevó a una sala mientras Armando y Sergio Durán, quien fungía como entrenador, arreglaban los documentos para obtener las visas y pudiéramos entrar por fin al país anfitrión del campeonato. Ya con pasaportes y visas en mano, nos dirigimos a la salida del aeropuerto donde nos esperaban representantes del comité organizador para trasladarnos a nuestro hotel, que se encontraba en una zona junto a Sydney llamada Parramata.

Después de instalarnos, nos dirigimos al otro hotel sede donde nos revisarían los médicos para darnos nuestra categoría oficial: T42 para Ramón y José Antonio y T44 para Gilberto y para mí. Yo estaba inscrito en los 100 y 200 metros, además de salto de longitud. Las competencias empezarían el viernes y teníamos sólo dos días para adaptarnos y estar listos para las pruebas. Ninguno de nosotros teníamos experiencia en una competencia internacional, así que estábamos prácticamente en las manos de Sergio y luchábamos para no ceder al sueño que ya pesaba en nuestros párpados, con el fin de ajustar lo antes posible nuestro horario.

Al día siguiente realizamos un ligero entrenamiento de aproximadamente hora y media y después fuimos a desayunar. Cuando un mexicano sale de su país, lo primero que extraña es la variedad, el sabor casero y el picante de la comida de nuestro querido país. El día que salimos de viaje, mientras nos acomodábamos en el auto, mi papá mandó a uno de mis hermanos al mercado a comprar un puño de chiles verdes, con los que después la guapa mesera en Sydney nos hizo una salsa roja y así fue menor nuestra nostalgia gastronómica.

Por fin llegó el día tan esperado. A las 7:30 de la mañana me levanté, tomé un buen baño y me afeité perfectamente, me perfumé y me vestí con el pulcro uniforme, como Pablo me había enseñado, para desayunar y asistir a la inauguración del campeonato. A nuestro uniforme le agregamos los sombreros de charro que causaron gran impacto, como siempre sucede.

El evento de apertura se realizó en la alberca olímpica. No había representantes de ningún país latino y sólo el equipo español compartía nuestro idioma. Javier Conde y Juan Carlos conformaban la delegación de España y nos hicimos buenos amigos. Una vez finalizada la inauguración, que fue discreta pero emotiva y encabezada por el gobernador de la ciudad de Sydney, nos dirigimos al estadio Sydney Athletic Centre, ubicado en el complejo olímpico, a un lado de donde se construía el estadio que serviría para los juegos olímpicos del 2000. A un lado de la pista, con la bandera tricolor y un par de sombreros de charro colgados en los barandales para señalar nuestro territorio, Sergio nos confirmó los horarios de las competencias. Yo abriría la participación de nuestra selección con la carrera de los 100 metros planos.

Llegada la hora, comencé con mi calentamiento, me quite los pants y me dirigí al calling room (donde deben presentarse los atletas para registrarse, recibir su hit de salida y número de carril). Después nos llevaron atrás de la línea de salida, donde había canastas para colocar nuestras ropas; ajustamos el block de salida para que no hubiera fallas al sonar el disparo y quedamos listos para la orden "on your marks". Es justo el inicio de la carrera y hay que sacudirse los nervios, respirar profundo, preparar los músculos y acercarse a la línea de salida para colocarse en el block. Ya no había tiempo para nada más. Levanté la mirada y la fijé en el otro lado de la pista, justo donde estaba la línea final, traté de no escuchar absolutamente nada más que el disparo de salida... "set"... ¡Banggg! sonó el disparo y salí desbocado, tan rápido como mis piernas me permitían sin darme cuenta ni de quiénes corrían junto a mí; a fin de cuentas, yo sólo luchaba contra el reloj y esperaba bajar de los 13.80 segundos. Sólo un suspiro y ya cruzaba la meta. Para mi sorpresa, sólo dos atletas habían cruzado antes que yo; australianos, por cierto. Eso significaba que yo era el tercer lugar de la competencia de 100 metros planos. Busqué dar una marca pero también había conseguido la medalla de bronce. Entre detrás de Niel Fuller, en esos días desconocido para mí pero que a la postre descubriría que era uno de los mejores corredores del mundo. Mi felicidad sería aún mayor cuando Sergio nos informó:

–Primera marca conseguida: 13.33 segundos.

–¿Cuánto? –pregunte, incrédulo.

–13.33 segundos.

Era una marca muy buena, casi medio segundo menos de lo requerido y más de dos segundos de diferencia de mi primer marca. El esfuerzo de este ultimo año, la entrega y dedicación estaban dando los resultados esperados, pues realmente valían la pena los sacrificios del entrenamiento de alto rendimiento, los regímenes alimentarios tan estrictos, las largas horas de trabajo, las fiestas a las que había dejado de asistir con mis amigos, las desveladas, etcétera. Son muy pocos los días de descanso y eso quizá porque era muy necesario. La familia juega un papel muy importante, no sólo por el apoyo moral sino por el físico, como apoyar la alimentación balanceada y tomar los recados cuando las llamadas entraban en horas de descanso, además de la compañía espiritual en todo momento. Esa vez también competí en salto de longitud, en los 200 y 400 metros planos, además de un relevo combinado 4 x 400 de mexicanos y españoles que nos dio una medalla de plata.

Me colgué tres medallas y mis compañeros hicieron lo suyo para sumar, entre los cuatro, doce medallas que coronaron la actuación del primer equipo nacional mexicano de atletas amputados en el Sydney Atletic Centre durante el Multidisable Championship aquel marzo de 1996.

Asistimos a la cena de clausura y convivimos con todos los participantes. Es interesante la mezcla de personas de diferentes países, culturas y costumbres. Los idiomas no representan mayor problema pues siempre hay manera de entenderse, pero Javi Conde y Juan Carlos, los españoles, prefirieron sentarse en nuestra mesa. En las demás había atletas de Francia, Nueva Zelanda, Suiza e Inglaterra, entre los que recuerdo. En este tipo de eventos es fácil hacer amigos de muchos países y México es querido en todo el mundo, pues tenemos fama de alegres, sonrientes, amistosos, románticos, conquistadores, capaces y buenos en lo que hacemos, cuando nos decidimos. Somos elogiados por la gente que nos observa desde afuera y no entiendo por qué nosotros no pensamos lo mismo.

Al siguiente día volamos de regreso a México. Armando envió boletines de prensa desde Sydney y entonces los periodistas de diferentes medios nos estaban esperando a la puerta del avión. Más de 40 minutos de entrevistas en radio, televisión y prensa escrita. Preguntas, fotos, felicitaciones y el aplauso de la gente en la sala de llegada. Esos aplausos son una experiencia indescriptible, una sensación tan gratificante que me comprometió a seguir dando lo mejor de mí en cada una de las competencias siguientes.

Los periódicos publicaron la nota con todo y fotografía; las televisoras dieron la noticia en cada uno de sus espacios deportivos, así como en los noticiarios de la radio. Pero cuando una persona obtiene el respaldo y el reconocimiento de la gente a través de los medios de comunicación, tiene la obligación de respaldar ese reconocimiento y entregar su mejor esfuerzo al competir por México. Mis familiares me esperaban, muy contentos y sorprendidos cuando vieron las medallas colgadas en mi cuello. Creo que ese orgullo les durará por siempre.

También José María estaba orgulloso de lo que había logrado. Mi gran amigo, quien alguna vez me había dicho mis verdades al llamarme acomplejado y a quien yo tenía tanto que agradecerle. Fue el único que tuvo el valor de decírmelo y con ello probó la solidez de nuestra amistad. El fin de semana siguiente, y aprovechando mi descanso tras la competencia, fuimos al Charly´s a visitar a los amigos. José Maria insistió en que llevara las medallas sin saber lo que planeaba. Ya en el lugar, José me pidió las medallas y se las enseñó a todo el mundo, al grado que Hueman se las colgó al cuello justo antes de subir al escenario y primero las exhibió para después platicar al público de dónde procedían. Después me señaló y pidió un aplauso. Nuevamente experimenté esa sensación de cuando la gente reconoce el esfuerzo de alguien con aplausos, y, por supuesto, José María compartía esa sensación. Coincidió que ese día era cumpleaños de Rodolfo Muñiz y fuimos invitados al festejo en su casa. Nuevamente, José les platicó a todos mi historia y me pidió que les mostrara las medallas. Los amigos se sorprendieron no sólo por las preseas, sino porque también en ese momento se enteraron que yo, a quien conocían desde hacía más de ocho años, era un amputado y usaba una prótesis. Hasta hoy, Rodolfo Muñiz me presenta como su amigo el campeón.

Los entrenamientos volvieron a su normalidad. Habíamos conseguido el tiempo que se requería para ser inscritos en los juegos paraolímpicos, pero aún no teníamos un lugar en la selección. Debíamos seguir luchando. Sin duda, Marlo era uno de los más satisfechos.

Después de todo y a pesar de mi esfuerzo, no hubiera logrado estos resultados sin la dedicación y la excelencia del trabajo de Marlo, quien continuó haciendo ajustes en los sockets y en la alineación de las prótesis. Dedicaba muchas horas a la investigación y viajaba a cuanto curso existiera en el extranjero, para después volver y compartir lo aprendido. Claro está que los más beneficiados éramos sus pacientes, pues de inmediato nos aplicaba sus nuevas técnicas. Nunca ha cesado de intentar mejorar sus sockets.

Pasaba el tiempo y no sabíamos aún si se integraría la selección para los paraolímpicos de Atlanta. Yo debía recibir el nombramiento de la federación de silla de ruedas para mi integración a esa selección. Hoy me resulta claro que no iban a darme un lugar que correspondiera a alguien que compitiera sobre una silla de ruedas, y lo que la federación estaba esperando era un lugar especial para los amputados; es decir, un wild card, que es una invitación especial y personal para un atleta.

Sin embargo, nosotros seguíamos trabajando. Marlo, al frente de la Asociación de Protesistas y Ortesistas de la Republica Mexicana, y yo, al frente de AMAPA, organizamos una clínica nacional de carrera para amputados, con la presencia de Dennis y Todd. Se trató de una experiencia increíble. La difusión del evento estuvo a cargo de Victoria Pedregal, mi prima, y Dushca Zapata, su amiga, y su trabajo superó por mucho nuestras expectativas. El miércoles 7 de febrero llegaron Dennis y Todd, y Marlo y yo los recibimos en el aeropuerto. Al siguiente día, ellos realizaron una visita a un hospital que se especializa en niños con problemas ortopédicos. El viernes siguiente comenzamos con unas conferencias técnicas de Marlo y de David Basley, fisioterapeuta encargado del equipo de amputados de Estados Unidos; después José Antonio, vestido con su uniforme militar, nos platicó cómo superó su situación. Luis Martín hizo lo propio y más tarde fue mi turno. Ésa fue la primera vez que hablé en público de mis frustraciones y cómo las había superado. La plática se tituló "De la frustración al triunfo" y de ahí surgió la idea de llevar mi experiencia al papel para compartirla con más gente.

Al siguiente día fuimos al estadio "Palillo" y nos encontramos con la sorpresa que ya había personas esperándonos y continuaban llegando. Había más de 120 amputados de todas edades, incluso ancianitos que querían aprender a correr con su prótesis. Fue una experiencia inolvidable ver a tantas personas gente con deseos de superación y que estuvieran ahí, con cualquier tipo de prótesis, dispuestos a salir mejor que como habían llegado. Había niños de escasos cinco años correteando con sus prótesis tras una pelota en el campo de futbol. Como en Guadalajara, iniciamos con un trote ligero para calentar con quien pudiera acompañarnos. Después hicimos estiramientos y después dividimos al grupo en amputados arriba de la rodilla y abajo de la rodilla. El primero fue comandado por Todd, con la ayuda de Luis Martín y José Antonio, y el segundo quedó a cargo de Dennis y de mí. Así enseñamos los ejercicios y las técnicas de carrera y después corrimos todos juntos. Mi prima Vicky nos ayudaba con la traducción, por lo que tuvo que correr al lado de Dennis. Estaba tan motivada como nosotros. Éstas fueron las palabras de Dennis al término del evento:

–Es la clínica más grande que hemos hecho a nivel mundial; estoy impresionado. Me encantó.

Enseñar a correr a los demás amputados me pareció una acción noble y obligada para quienes pudiéramos hacerlo, y yo quería seguir haciéndolo donde fuera, aunque por el momento debía esperar la respuesta del tema de Atlanta, nuestro siguiente proyecto en puerta.

Mientras esperaba, me propuse mejorar mi técnica de carrera, así que el director técnico de la federación nos indicó que entrenaría con la asesoría de la profesora Lucia Quiroz, ex atleta mexicana quien representó a México en diferentes juegos panamericanos; de hecho, ganó un par de ellos en los 800 metros planos y contaba con una larga trayectoria como formadora de atletas. Comencé entonces a entrenar mucho más en forma, con un programa específico de ejercicios que mejoraban día a día mi técnica y, por consiguiente, mi velocidad. Pero el wild card nunca llegó. Todavía quince días antes no teníamos respuesta, pero ni Gilberto ni yo perdimos la esperanza hasta el último día. Mientras tanto, yo conseguí participar en los juegos como fuera, pues contaba con el apoyo de Juan Carlos Vargas y sus reportajes en el periódico "El Nacional". Por cierto, él escribió uno de los mejores reportajes que me hicieron, fue titulado "Chavo... el soñador de Atlanta" y se publicó el 20 de diciembre del 95, con una enorme fotografía y mis esperanzas de competir en esos juegos. Cuando platiqué con él me propuso escribir para el periódico durante los juegos paraolímpicos, lo que me pareció una idea fabulosa, así que fui a pedirle a Armando Ruiz que me asignara un lugar para los medios y, ya con el respaldo de "El Nacional", no tuve mayor problema y viajé a los juegos paraolímpicos en calidad de reportero. Sin embargo, siempre tuve la esperanza de que se me otorgara el lugar que buscaba como atleta. Pensaba que tal vez sería más fácil si yo ya estaba allá.

En mi maleta no sólo iba la cámara y la libreta para anotar mis reportajes para el periódico, sino también mi equipo para correr por si acaso llegaba la oportunidad. Al llegar nos instalamos en un hotel a dos cuadras del hotel cede, para poder estar cerca de los funcionarios que supuestamente nos podían dar la tan esperada wild card. Al día siguiente, desde temprano, nos dedicamos a buscar a las autoridades del deporte para amputados y, durante nuestra búsqueda, nos encontramos al titular de la sección de deportes de Monitor, nuestro amigo Miguel Aguirre Castellanos (q.e.p.d.) a quien conocíamos por las entrevistas que nos había hecho a José Antonio y a mí después de la clínica y uno de los reporteros que más apoyaba el movimiento deportivo de quienes él bautizó como plusválidos. Donde quiera que esté, gracias por todo su apoyo.

Miguel, al vernos entrar a la recepción del hotel, se sorprendió pues conocía nuestra situación y nos preguntó si se nos había otorgado el tan ansiado lugar. Al conocer la negativa nos invitó a desayunar para platicar más acerca del tema y hacer un pequeño reportaje al respecto. Después buscamos a los directivos pero sólo pudimos averiguar que al día siguiente habría una junta con el presidente de la federación internacional y que tal vez podríamos platicar con él.

Al día siguiente encontramos al señor Joan Palao, quien nos invitó a la junta que tendría con los representantes de los países latinoamericanos. Sin embargo, nada se pudo hacer para conseguir nuestra inclusión en los juegos pero, sin darnos por vencidos, nos dedicamos a aprender de la formidable experiencia de asistir a los juegos paraolímpicos, que se juegan en las mismas instalaciones que los convencionales y en ellos está presente el mismo valor, la misma entrega, la misma lucha.

También en los paraolímpicos el lema es: "más fuerte, más alto, más rápido" como lo describí en la primera nota que envié para el periódico después de la inauguración. Fiesta que, por cierto, fue maravillosa, con Christopher Reeve como invitado especial, aquel actor que le diera vida a Superman y que hoy es discapacitado, una prueba más de que cualquiera en este mundo puede ingresar al mundo de la discapacidad de un momento a otro. También desfilaron los participantes, se encendió el fuego olímpico de forma espectacular y los atletas hicieron la protesta deportiva. La diferencia con los convencionales es que en esta categoría, los discapacitados aún compiten por verdadero amor propio y no por el dinero que puedan ganar; de hecho, el lema del comité paraolímpico es: "El triunfo del espíritu".

Marlo llegó unos días después para presenciar las competencias en vivo y a todo color, con su equipo de filmación y de fotografía para registrarlo todo a favor del desarrollo de los atletas mexicanos, de tal forma que la estancia en Atlanta resultara lo más productiva posible, y así fue. Estuvimos en cada una de las competencias de pista y campo de las categorías de los amputados. Además, yo buscaba las notas que enviaba a "El Nacional" y que se publicaban todos los días junto con los resultados. Un día asistí con Marlo a una exposición de componentes técnicos para deportistas discapacitados que se montó en un hotel alterno, y ahí encontramos protesistas de diferentes partes del mundo y, entre ellos, los que fabricaban los pies protésicos que usaban los mejores atletas del mundo y que yo mismo usaba. Marlo preguntó entonces por el pie para velocidad y nos mostraron el nuevo modelo llamado "cheetah", por su diseño similar al pie del animal. De inmediato, Marlo solicitó uno para mí. Yo estaba muy contento; sabía que ese aditamento me ayudaría a mejorar, además de que me comprometía a esforzarme aún más. Fue un gran golpe no haber podido participar en estos juegos aun teniendo las marcas y la calidad para hacerlo, pero eso no importaba: íbamos a seguir luchando para pertenecer a la lista de los mejores atletas del mundo.

Lo primero que hice al volver de Atlanta fue trabajar para que en los próximos juegos nacionales incluyeran nuestras categorías en el programa oficial de competencia y que nuestros resultados fueran oficiales para, de esta forma, comenzar la historia de nuestro deporte en México. Además, seguí entrenando cada vez con mejor técnica bajo la dirección de la profesora Lucía Quiroz, con el objetivo de participar en los juegos nacionales que serían en diciembre.

Mientras Marlo esperaba la llegada del "cheetah", estudiaba cómo debía ser el socket y la alineación del flex–sprinter, nombre oficial de mi nueva prótesis especial para las pruebas de velocidad. Para entonces, yo seguía un programa de entrenamiento de alto rendimiento que abarcaba desde las secciones de práctica en pista por la mañana, gimnasio por la tarde, dieta, descansos obligatorios y mis ocho horas de sueño inamovibles por las noches. Claro que, como toda mi vida había querido ser deportista profesional, no me pesaba, aunque no es fácil renunciar a las diversiones que mis amigos tenían. Debí olvidarme de las noches de disco o del Charly´s Crepas, de mis amigos de la vida nocturna y de las fiestas de familia que terminaban muy tarde. Incluso cuando había bodas o fiestas especiales de mis familiares más cercanos, yo asistía sólo a la ceremonia religiosa o me retiraba un par de horas después de la cena, ya que al siguiente día debía entrenar temprano.

La vida de un atleta de alto rendimiento debe girar en torno a su plan anual de competencias y así comenzó a ser mi vida. Los resultados comenzaron a notarse pues ya podía entrenar casi al parejo que los muchachos del club "Chispas", el equipo juvenil que dirigía la profesora Quiroz desde hacía muchos años. Las repeticiones (nombre técnico que se le da a cada una de las veces que en un entrenamiento se corre una distancia específica contra reloj) eran cada vez más exigentes y ya dominaba los 100 y los 200 metros.

CAPÍTULO 15

Campeón

Por fin, después de varios meses de espera, llegó el ansiado "cheetah" y fui a Guadalajara para que Marlo hiciera los ajustes pertinentes. Debíamos apresurarnos para probar su eficiencia justo en los juegos nacionales. Varios días tardo Marlo en poner el pie justo en su sitio y, como siempre sucede con los sockets que él hace, me sentía muy cómodo. Sólo faltaba probarlo en la pista para darle la alineación necesaria, así que fuimos a la Unidad Revolución, donde entrenaba Luis Martín y donde Marlo hizo por años las pruebas de pista de todos sus diseños.

Me coloqué el "cheetah" con todo cuidado y bajo la supervisión de Marlo. La manga era de silicón transparente, lo que permitía que viéramos la colocación del socket. Primero caminé un rato con ella para sentir su efecto, ya que era completamente diferente a todo lo que había sentido. Esta prótesis tenía una forma extraña: no tiene talón, sólo la punta, a la que le colocamos un tenis asegurado con cinta adhesiva para que no se moviera. Después, empecé a trotar mientras un asistente de Marlo filmaba toda la prueba para no perder detalle y corregir lo necesario. Conforme la conocía, la dominaba, así que cada vez aumentaba más y más la velocidad hasta que me animé a hacer el primer sprint. Me coloqué casi en el punto de salida, respiré un poco y comencé a correr. Era increíble la manera en que la prótesis me ayudaba a desplazarme en el tartán; la comodidad era absoluta, y la sensación era indescriptible; como si fuera la primera vez que corría. Una vez más regresé de Guadalajara ilusionado y con el compromiso de dar mi mejor esfuerzo para recoger los frutos de este trabajo.

La tensión por los juegos nacionales comenzaba a incrementarse, y nuestros amigos protesistas cruzaron apuestas sobre quién sería más rápido: Gilberto, "el Oax" o yo. En Australia no habíamos tenido la oportunidad de competir en los 100 metros, y en los 200 él había llegado a la meta antes que yo, pero esta vez yo estaba mejor preparado y mis entrenamientos eran más especializados para abordar las dos pruebas.

Por fin llegó diciembre y la hora de la verdad en los juegos nacionales. Las cosas se pudieron aun más calientes al saber que existía un competidor más, surgido de la clínica nacional de carrera y apoyado por la filial en México de una de las compañías más grandes de prótesis en el mundo. Los comentarios acerca de las apuestas por Gilberto o por mí pasaron a segundo término, pues se decía que este nuevo atleta era mucho más rápido que nosotros dos.

El escenario era la pista de tartán del estadio Jesús Martínez "Palillo", donde yo entrenaba. Era de noche y había bastante gente en las tribunas. Llegué a la pista hora y media antes de la prueba para iniciar mi calentamiento y me encontré a Marlo:

–¿Estás listo? Ya por ahí anda Marco, que dicen que es muy rápido, y Gilberto dice que él les va a ganar a los dos, ¿tú qué dices?

–Yo digo que hay que esperar trece segundos después de que suene el disparo para saber quién es el mejor. Yo no sé cómo anda "el Oax" ni qué tal es Marco. Yo he entrenado lo suficiente y puedo ganar, pero ya veremos en la pista.

Después ingresé a la zona de atletas y mis rivales ya calentaban, entre otros competidores de diferentes estados. Hubo saludos y abrazos entre nosotros, y Gilberto no pudo evitar el comentario sarcástico:

–Oye, Salvador, cómo ves a este chamaco que dice que nos va a ganar a los dos juntos, que ni el polvo le vamos a ver.

–Me parece perfecto, así habrá más presión. Ya nos veremos en la meta –contesté.

A pesar de todo, Gilberto y yo nos respetábamos lo suficiente, así que continuamos calentando cada quien por su lado, en espera del llamado de los jueces. En realidad calentaba más para controlar mi ansiedad que para preparar los músculos. Marlo ya estaba en la meta con las cámaras listas para registrar el momento preciso de la llegada.

Mi carril fue el 3 y a mis costados estaban Gilberto y Marco, nos deseamos suerte y entonces me concentré hasta que escuché la orden:

–Competidores, a sus marcas... –mi mente estaba puesta en la meta. Unos saltos, unos ligeros golpes a los muslos y entonces me acomodé en el block de salida. Bajé la cabeza y cerré los ojos para respirar mientras me concentraba. A la voz de "¡listos!" levanté la cintura y la cabeza para fijar la mirada unos metros adelante del photo finish, mientras trataba de borrar todo los sonidos ambientales para sólo poner atención al disparo de salida...

Escuché la detonación y emprendí la carrera más veloz de mi vida; mis piernas se movían con tal fuerza y sincronía que sentí que podría llegar a la meta antes que cualquiera. Pasados los 50 metros, los demás competidores estaban detrás de mí pero Gilberto estaba demasiado cerca, pues podía sentir su respiración justo en mi hombro izquierdo. Los dos estábamos realizando el máximo esfuerzo posible, él por alcanzarme y yo por no permitirlo y, cuando llegamos a la meta, logré sostener esa ligera ventaja para llegar en primer lugar. Mi felicidad y satisfacción fueron evidentes al ver todo mi esfuerzo coronado con el campeonato nacional de 100 metros planos, la prueba reina del atletismo. Marlo, que tomaba fotos en la meta, gritó de alegría pues también era su triunfo ya que había trabajado mucho para darme las facilidades para lograrlo. La mancuerna funcionaba. Gilberto, con todo el honor de atleta que lo caracteriza, me felicitó con un abrazo:

—Ni modo, Salvador, me ganaste, pero faltan los 200 metros – comentó "el Oax".

Después de presentarme con los jueces, esperamos unos minutos para conocer nuestros registros de tiempo:

—Los resultados de la prueba de los 100 metros planos categoría T44 son: primer lugar, Salvador Carrasco del Distrito Federal, con un tiempo de 12:23 segundos.

Era un gran tiempo; de hecho, al compararlo con los tiempos que se registraron en los juegos paraolímpicos de Atlanta, correspondía a un lugar dentro de los primeros cinco de la final. Lástima que no pudimos asistir.

Dormí con un sabor a triunfo y no sentí ansiedad por la carrera de 200 metros que me esperaba; por el contrario, me sentí seguro a pesar de que era la prueba en la que Gilberto había logrado un mejor resultado que el mío en Sydney. Me sentía capaz de lograr otro triunfo pues estaba preparado física y mentalmente para ello.

La prueba de los 200 metros generó la misma expectativa. Quienes nos conocían estaban intrigados por lo que sucedería entre Gilberto y yo.

Al oír el disparo, salí por el carril 4 de tal forma que no veía a Gilberto pero sentía su presencia muy cerca de mí. Además, no sabía cómo íbamos a salir de la curva. Los gritos de la gente cerca de la pista cubrían el sonido de las pisadas de los que venían detrás y fue hasta que salimos de la curva cuando me di cuenta de que seguía al frente y que Gilberto me pisaba los talones. Se acercaba el cierre y los dos estábamos dando nuestro mejor esfuerzo. Finalmente, logré soportar su embestida y llegar nuevamente en primer lugar. Aunque cerré con broche de oro mi participación en los juegos nacionales y aunque en esas competencias Gilberto y yo habíamos competido uno contra el otro, las competencias más importantes apenas estaban por llegar, cuando nos enfrentáramos a los atletas de otros países en los campeonatos internacionales.

Al poco tiempo, por medio de Marlo recibimos la invitación para participar en un campeonato de los mejores del mundo y donde los mexicanos eran aún desconocidos. Fue en el Olympic Training Center de San Diego, California, en Estados Unidos, el 18 y 19 de abril del 97.

Viajamos comandados por la profesora Lucia Quiroz como entrenadora y la lista de seleccionados había cambiado. José Antonio Cázares retomó su carrera profesional como administrador y su lugar fue ocupado por Luis Martín García. Además, se incorporaron Rubén Fuentes y Humberto Gutiérrez.

El Olympic Training Center era el lugar ideal para una competencia de ese tipo: una hermosa pista junto a un valle verde, las habitaciones con todas las comodidades y un restaurante con sana comida a la orden de los competidores. Dennis Oehler, mi maestro e inspirador, estaba ahí para competir como cualquiera de nosotros; por desgracia, no nos tocó juntos en el mismo hit eliminatorio. En mi hit eliminatorio estaba nada menos que Brian Frasure, también alumno de Dennis, y Neil Fuller quienes, durante varios años, ocuparon los tres primeros lugares en cada uno de los campeonatos. Aunque no pude llegar antes de ellos, sí llegué enseguida y realicé una de mis mejores carreras. Al cruzar la meta, Dennis me abrazó fraternalmente y me dijo:

–Hace un año eras sólo un muchacho que aprendía a correr en una pista. Hoy eres un gran atleta y has corrido como todo un profesional. ¡Felicidades!

A pesar de mi esfuerzo, mi marca sólo obtuvo un nada despreciable noveno lugar. Pero el comentario de Dennis valió para que mis ánimos se fueran hacia el cielo y enfrentara la prueba de los 200 metros con mucho más confianza incluso que en el campeonato nacional. Pasé el hit eliminatorio sin dificultades y me coloqué directo a la final. Al día siguiente ratifiqué mi actuación y obtuve el cuarto lugar en la prueba, por delante de atletas de Francia, Italia, Bélgica y otros. Mi tiempo superó al obtenido en el "Palillo" y me valió para conseguir el patrocinio para asistir al siguiente campeonato, que se realizaría en el lugar de mis sueños.

CAPÍTULO 16

El más duro golpe

Al regresar a México sólo descansé un día, pues debía prepararme para el citado campeonato. Sin embargo, entre tanta alegría, existía en mí una profunda tristeza pues José María, mi gran amigo, sufría de una terrible enfermedad que lo mantenía en cama desde hacía varios meses. Era muy difícil para mí no festejar con él, pero fui a visitarlo para comunicarle mis resultados y darle a él, primero que a nadie, la noticia de mi próximo viaje, pues era de los pocos que sabían cuánto soñaba yo con conocer ese lugar desde el momento en que supe que existía y vi las fotos de sus bellas fuentes, además de la estatua del personaje más significativo para mí.

–¡Qué ondas, tú, hijo! (como solíamos saludarnos) ¿cómo vas? – Aún tenía la traqueotomía que le practicaron para salvarle la vida en el hospital meses antes, por lo que sólo me podía responder con la mirada y un ligero movimiento de la cabeza–. Te traigo buenas noticias, en el más reciente campeonato no me fue nada mal; por el contrario, hasta conseguí una invitación para el Campeonato Abierto Europeo, que es el próximo mes. Adivina en dónde.

Él me conocía lo suficiente como para adivinar con sólo ver mi entusiasmo.

–Así es, en Madrid. Por fin se me cumple el sueño de conocer la Madre Patria y mira nada más de qué manera.

Dos lágrimas salieron de sus ojos (como las que hoy derramo al recordarlo) en señal de que compartía mi alegría. Yo contuve las mías de tristeza por no recibir un abrazo y porque me hubiera encantado que él me acompañara. Meses después murió a causa de esa enfermedad. Hasta hoy ha sido el golpe más duro de mi vida, más aun que la perdida de mi pierna. Aún lloro y lo lamento aunque lo recuerdo con gran cariño. Te extraño amigo donde quiera que estés.

CAPÍTULO 17

España y mis viajes

Descubrí que en un parque de Madrid estaba la estatua de Don Quijote de la Mancha, un personaje ilustre para mí, con quien me identifico por soñar lo imposible y depositar mi fe en perseguirlo, aunque para otros sea una locura. Así había yo soñado ser futbolista y formar parte de una selección nacional; así lo seguí soñando aun después de la amputación e incluso ahora. Así soñé también conocer España, aunque tuviera que ir en lancha de remos. No pude cumplir mis sueños de ser futbolista debido a mi amputación, pero gracias a ella ahora era seleccionado nacional y podría conocer España. Después de todo, ya comenzaba a pensar que no era tan malo ser amputado; de hecho, tenía sus ventajas.

Acompañado por Gilberto, mi compañero de tantos viajes, llegué al aeropuerto de Barajas el 2 de junio. Tanto había escuchado acerca de esa ciudad que tenía la indescriptible sensación de que ya la conocía. En el hotel nos recibieron de forma muy halagadora y recordé que México tiene un significado especial para la gente de otras partes del mundo. Acostumbrábamos llevar los sombreros de charro a las competencias y en esta ocasión también causaron revuelo, aunque lo mejor fue cuando nos encontramos con Javier Conde y con Juan Carlos, quienes nos dieron un fraternal abrazo. De inmediato nos presentaron con los demás competidores españoles, quienes nos brindaron su amistad y procuraron ser los mejores anfitriones. Con Robert Snoek, de Canadá, comencé una amistad basada en la rivalidad deportiva, pues habíamos logrado un desempeño similar en las pruebas de 100 y 200 metros en San Diego y esta vez también las correríamos.

Al día siguiente fuimos a conocer la pista de tartán donde se efectuarían las pruebas y entrenamos un par de horas en nuestro horario asignado, aunque aún luchábamos con el cambio de horario. Después paseamos por el centro de Madrid para relajarnos y permanecer despiertos lo más posible. También fuimos a la embajada de México en España para informar el motivo de nuestra visita a ese país. Fuimos recibidos por una representante del consulado quien nos agradeció la iniciativa de informar a la embajada de nuestra presencia.

–Son muy pocos los deportistas que nos dan conocimiento de su entrada a este país para un evento; entre ellos, Hugo Sánchez, quien, por cierto, hace unos días estuvo aquí, en ese mismo sillón donde están ustedes –dijo la representante, y aunque no podía acompañarnos a las competencias, nos sorprendió con un honor inesperado:

–Para nosotros es tan importante la presencia de Hugo como la de ustedes, y ya que fueron tan amables de venir hasta aquí, les vamos a prestar la bandera que el mismo Hugo usó en su reciente despedida. Cuídenla mucho, porque es una bandera oficial.

Éste ha sido uno de los eventos más significativos de mi vida. Nunca antes había portado una bandera oficial de mi país ni mucho menos había recibido la consigna de cuidar de ella. Salimos de la embajada con el orgullo muy en alto y nuestra bandera en las manos. No había palabras, sólo sonrisas entre nosotros. Nos dirigimos entonces al hotel a descansar y estar listos para la primera prueba al día siguiente.

Desfilamos en el estadio con nuestra bandera y después comenzó la primera prueba, que fueron los preliminares de clasificación en los 100 metros. Pasé sin problemas a la final y en ella obtuve sólo el octavo lugar; sin embargo, era un decoroso octavo lugar en Europa. Por la tarde participé en la prueba de salto de longitud en la que, a nivel internacional, no logré destacar. No era muy bueno para saltar, pero era una prueba que disfrutaba mucho. Desafortunadamente, mi primer salto fue muy malo y en los dos siguientes me marcaron faul, por lo que quedé eliminado en la primera ronda. Yo esperaba mi mejor prueba, que eran los 200 metros planos, que sería al día siguiente.

En el hit eliminatorio estuve con Brian Frasure y un australiano, Brad Thomas; los demás provenían de diferentes países de Europa, pero ya había corrido con ellos en San Diego y sabía que sólo debía preocuparme por los dos primeros. Sonó el disparo y corrí justo detrás de ellos, cuidando que nadie se me adelantara; sabía que con entrar en tercer lugar estaba clasificado a la final, así que hice justo lo necesario para lograrlo.

Aún ahora que escribo acerca de la gran final de los 200 metros, siento un revoloteo en el estómago que parece una mezcla entre hambre y náuseas, las manos frías y temblor en las piernas como cuando trotaba de un lado al otro dentro de mi carril para prepararme.

–Competidores, a sus marcas –la frase más esperada y la que más me alteraba. Era momento de colocarme en el block de salida, después de un par de respiraciones profundas de desahogo.

Al disparo, un francés se quedó en la línea de salida al confundir la orden Brian y el australiano habían tomado la delantera, y yo corría al parejo con Rob. Al salir de la curva y emparejar la compensación de la misma, Brian y el australiano se nos adelantaron y Rob salió un poco más adelante que yo. Respiré profundo y aceleré para tratar de alcanzarlo pero Rob no cedía y hacía lo suyo. El tercer lugar y la medalla de bronce del abierto europeo estaban en las manos de cualquiera de los dos. Alguna mala pisada hizo que Rob cambiara el ritmo por una fracción de segundo, suficiente para que yo lo emparejara justo diez metros antes de entrar a la meta. Marcamos el mismo tiempo en el reloj. Éste había sido mi mejor resultado y estaba enteramente satisfecho por mi trabajo en la pista. Había cumplido conmigo mismo y con mi país.

Al siguiente día ya no teníamos que competir, pues tanto Gilberto como yo habíamos logrado nuestro propósito y habíamos concluido nuestra participación. Solo faltaban los relevos de festejo para cerrar con broche de oro el brillante campeonato. Un francés nos pidió que nos uniéramos con él y Cristhian Lucas de la categoría de amputados por arriba de la rodilla y poseedor del récord paraolímpico de 100 y 200 metros, así como de salto de longitud. Corrimos los relevos y también para nosotros fue un cierre magnífico, pues haber corrido junto a Lucas nos dio la oportunidad de ser invitados a otro campeonato el mes siguiente en Alemania, llamado Paralimpic Revival, donde sólo son invitados los ocho mejores del mundo de cada prueba. Desafortunadamente no pude asistir por falta de presupuesto, pero el haber sido tomado en cuenta fue de suma importancia. Terminados los eventos, dimos un merecido paseo por Madrid.

Una vez de vuelta en México, después de haber realizado uno más de mis sueños, debía seguir trabajando y superar la frustración de no poder asistir al Paralimpic Revival. Me lo había ganado, pero, para desgracia de los deportistas mexicanos y en especial de quienes practicamos el deporte adaptado, los recursos no se encuentran con facilidad y existen muchas limitantes que frustran el desarrollo e impiden que los resultados sean los óptimos. La gran mayoría de los talentos deportivos abandonan la práctica del deporte por falta de apoyo económico, y no es que se pidan las "perlas de la virgen", sino que en ocasiones hace falta hasta lo más indispensable. Por mi parte, y con el apoyo de Marlo, quien siempre mantuvo mis prótesis en óptimas condiciones, continué con mi trabajo atlético y comenzaba a incursionar en la enseñanza de lo que había aprendido, que era mi siguiente objetivo. Organizamos exhibiciones de carrera para amputados en diferentes cursos y congresos médicos, principalmente de ortopedia, y preparé la conferencia llamada "Fisioterapia avanzada para amputados de miembro inferior", donde mostraba cuáles eran nuestras técnicas para que una persona amputada pudiera correr y mejorar su calidad de vida a través del ejercicio y la carrera. Fue así como Marlo y yo, en coordinación con Gerardo Caudillo y su padre, de Torreón y Durango respectivamente, organizamos la Clínica de Carrera para Amputados de la Laguna y Durango a finales de septiembre de 1997. Viajamos a Torreón un equipo de expertos en materia de atletas amputados encabezados por Marlo y con la profesora Lucía Quiroz Balderas, quien ya era la entrenadora nacional de amputados; y Andrés Rosas, quien desde la escuela se interesó mucho por el tema e incluso viajó a Guadalajara para aquella primera clínica donde comenzó toda esta odisea. Desde entonces hemos trabajado juntos y conoce ampliamente el tema.

Gerardo Caudillo y los patrocinadores del Club Rotario de Torreón nos recibieron muy calurosamente. Las pláticas se realizaron en el TEC de Monterrey y transcurrieron en un ambiente de cierta incertidumbre ante lo que se estaba presentando. Es probable que algunos pensaran que estábamos exagerando cuando hablábamos de lo que una persona amputada podía hacer si contaba con una buena adaptación protésica y un adecuado entrenamiento. No era raro; yo mismo me sorprendí cuando lo vi por primera vez, y el programa incluía la demostración de todo lo que expusimos, así que todo mejoró cuando la profesora Quiroz tomo la palabra y, con su lenguaje coloquial pero lleno de conocimiento, ejemplificó el entrenamiento con Rubén "el Morris" para su cometido. Al llegar a la parte práctica y mostrar los ejercicios en vivo y a todo color, el auditorio se mostró muy satisfecho por lo aprendido ese día. El verdadero reto comenzó cuando los pacientes invitados por sus médicos y protesistas acudieron para aprender a correr. Teníamos que enseñar los ejercicios básicos al paciente antes de intentar que corrieran, y no hacíamos distinciones entre niños o adultos, amputados arriba o debajo de la rodilla, con prótesis de alta tecnología o convencionales. Lo que importaba era que aprendieran a correr y que transformaran su vida como lo había hecho yo un par de años antes. Después de dedicarnos a cada uno de ellos, logramos que casi todos aprendieran a correr, y los pocos que no lo hicieron fue por algún problema con su prótesis y no por falta de voluntad. Sin embargo, hasta ellos aprendieron algo nuevo ese día y veían la vida mejor que antes. Habíamos conseguido incidir en sus vidas; tal vez no todos iban a convertirse en atletas, pero sí lograrían una mejor calidad de vida.

En Durango presentamos nuestras conferencias en el auditorio del Tecnológico de Monterrey, mucho más relajados porque era domingo y porque ya teníamos más experiencia. Al pasar a la pista de tartán, donde llevamos a la práctica lo que aprendimos en el auditorio, los pacientes estaban decididos a salir de ahí corriendo y dejar atrás cualquier tipo de frustración. Comenzamos por hacer que corrieran los amputados debajo de la rodilla y fue realmente satisfactorio ver cómo lo lograban, repetían el ejercicio, trotaban diez metros y luego otros diez, como si no existiera cansancio en ellos. Es que, cuando uno se encuentra justo en la meta de un sueño, la satisfacción y la emoción es tan grande e incontenible que el cansancio no tiene lugar, la fuerza emerge del espíritu y lo que siente el cuerpo pasa a segundo término.

Las clínicas de Torreón y Durango han sido de las experiencias más satisfactorias que he sentido en mi vida y entendí perfectamente lo que Dennis sintió cuando yo le di las gracias por ayudarme a cambiar mi vida. Lo supe justo en el momento en que uno de los muchachos se acercó para darme las gracias por lo mismo y utilizó casi las mismas palabras que yo había utilizado. Sentí lágrimas en mis ojos, el alma llena de tranquilidad y una sonrisa que aún conservo y de la que jamás me voy a desprender. Entonces entendí que no existe mejor satisfacción que ayudar a alguien a transformar su vida y lograr la felicidad, a pesar de todo y gracias a todo.

Motivado por lo que habíamos logrado en las clínicas de la Laguna, y aprovechando el auge y que se pusiera de moda el tema de los atletas amputados, Marlo y yo seguimos impartiendo pláticas de prótesis de alta tecnología y de fisioterapia avanzada, respectivamente. Otra vez funcionaba la mancuerna. Nos presentamos en no menos de diez hospitales y centros de rehabilitación, así como en congresos y cursos en diferentes ciudades de la república.

Yo continué con mi entrenamiento en la pista del estadio "Palillo" en Ciudad Deportiva, pues tenía el compromiso de refrendar el campeonato nacional a celebrarse en octubre y que sería, además, eliminatorio para conformar la selección que acudiría a los siguientes campeonatos internacionales. Así fue y conservé el liderazgo en los

100 y 200 metros y esperaba las invitaciones para los campeonatos internacionales, particularmente la del campeonato mundial de atletismo para deporte adaptado.

Mientras tanto, los mismos de la emisión anterior recibimos la invitación para The Ultimate Challenge de 1998. Esta vez yo tenía otro tipo de problemas de orden administrativo. Estaba cumpliendo por fin con mi servicio social, que había dejado pendiente el año anterior para dedicarme de lleno a mis actividades deportivas. Lo realizaba en dos centros diferentes: los lunes, miércoles y viernes en Comunidad Crecer, una escuela de educación especial que se dedica a niños con parálisis cerebral, donde la labor de los terapistas físicos era realmente necesaria. El otro era un centro poco organizado y dirigido por gente de la política que no sabía absolutamente nada de rehabilitación. A cargo del servicio estaba un biólogo que había hecho un curso de fisioterapia de apenas unos meses. Tenía todo el entusiasmo del mundo y las ganas de ayudar a la gente que lo necesitaba y que carecía de los recursos para hacerlo, pero la verdad es que no tenía el conocimiento necesario. En ese lugar, la práctica rehabilitatoria se practicaba en la más interesante de las informalidades y era absolutamente empírica, y como yo en ese entonces era sólo un pasante, mis ideas y propuestas eran mucho menos válidas que las del biólogo, aunque mis conocimientos fueran más serios y científicos. Además, a nadie le interesaba si las terapias estaban bien o mal, lo importante es que hubiera muchos pacientes para poder presumir el volumen de atención, aunque la calidad no fuera la deseable. Tomando en cuenta que yo no aportaba realmente nada a ese lugar y que no obtenía ninguna experiencia profesional seria y constructiva, comencé a llegar más tarde y en ocasiones falté para dedicarme a mi entrenamiento para recuperar lo que no podía entrenar los otros tres días.

Para el campeonato de San Diego recibí la autorización de mi dirección nacional de ausentarme de ambos centros de rehabilitación, pero en este último recibí malas caras cuando recibieron la noticia; después de todo lo que les conté, resulta obvio que no entendieran lo que para la gente con discapacidad significa incursionar en el deporte adaptado. No obstante, fui a competir gracias al apoyo que siempre me brindó la dirección de rehabilitación del DIF nacional de esa época. Ahí sí sabían lo importante que era para mí y para mi desarrollo profesional. Este segundo campeonato en San Diego nos dio la oportunidad de demostrar, a nivel internacional, que los mexicanos amputados no estábamos de paso en el terreno del atletismo y que, por el contrario, habíamos llegado para quedarnos y trascender. Incluso México era de los países con más participantes en las categorías de amputados de miembro inferior, aunque nos superaban en amputados de brazo.

Me integré con mi equipo en el Olympic Training Center y comencé con el salto de longitud, donde me golpeé el tobillo con la prótesis en por lo menos tres ocasiones en la carrera hacia el salto, lo que me ocasionó una fuerte inflamación; pero aún me faltaba la prueba de los 200 metros, donde estaba muy interesado en medirme y ver en qué posición me colocaba. Desafortunadamente, el problema del tobillo mermó mi rendimiento y sólo pude cumplir con la prueba. La experiencia fue magnífica para mí y para Marlo, quien tuvo que corregir el alineamiento de mi prótesis para evitar que sucediera de nuevo.

Regresé a México para seguirme preparando con miras al campeonato mundial de atletismo para discapacitados que se acercaba, aunque para ello había primero que dar la marca solicitada en el campeonato clasificatorio Mayab '98, en la ciudad de Mérida, Yucatán. Nuevamente tuve que solicitar la autorización de la dirección de rehabilitación para ausentarme un par de días de mi plaza del servicio social. Aunque contaba con poco tiempo para entrenar, me encontraba en buenas condiciones para enfrentar la prueba y buscar mi clasificación. En Comunidad Crecer no se opusieron, pero en el otro centro no les pareció nada bien.

Viajé a Mérida con Marlo. Se me había contemplado para ser parte de la escolta que portaría la bandera nacional en la inauguración pero, a causa de mi servicio social, no pude estar presente en los ensayos y mi lugar fue ocupado por Gilberto "el Oax". Después de la ceremonia inaugural se presentó la prueba de los 100 metros planos, la prueba reina del atletismo y que se colocó en primer lugar por lo espectacular que resulta y porque Víctor Cervera Pacheco, gobernador en esas fechas de Yucatán, se encontraba presente. Tuve la fortuna de llegar en primer lugar después de un apretado cierre que obligó a estrenar el foto finish que apenas unos días antes habían colocado en el estadio para el evento. Una vez más, Gilberto y yo habíamos protagonizado una gran prueba y hombro con hombro habíamos luchado por vencer. Además, Josué se acercaba más a nosotros y comenzaba a colocarse en la tercera posición. La fotografía de la meta confirmaría que yo había ganado y procedimos entonces a la premiación, a cargo del gobernador. Josué, Gilberto y yo dimos la marca para asistir al campeonato mundial, que se celebraría a principios de agosto de 1998.

La coordinadora del centro de rehabilitación donde acudía los martes y jueves me comunicó que no estaba de acuerdo con que me hubiera ido a Mérida, aun con permiso, y menos que calificara para el mundial porque representaría más ausencias, así que habían decidido suspender mi servicio social con el argumento de mis retardos y faltas. Lo cierto es que en el lugar tenían una total ignorancia acerca de la discapacidad y de lo que representaba para mí y para otros lo que yo hacía. De cualquier manera, yo me dediqué a cuidarme y entrenar con mayor dedicación en espera de que la federación nacional me llamara a la concentración, lo que sucedió a mediados de julio. Los entrenamientos eran por la mañana y por la tarde, y era necesario controlar alimentación, salud, descanso y la intensidad de los entrenamientos bajo la dirección de Lucía Quiroz. Como había sido mi costumbre, informamos a los diferentes medios de comunicación sobre lo sobresaliente del evento en el que participaríamos un buen numero de amputados de México, pues además de los de debajo de la rodilla, calificaron Rubén "el Morris" y Esteban, así como Prudencio Díaz, amputado de brazo y con quien por fin podríamos formar un relevo. Miguel Aguirre Castellanos (q.e.p.d.), quien siempre nos siguió la pista y se ocupaba de difundir los logros de los atletas y deportistas plusválidos, me propuso colaborar con el espacio deportivo de Monitor, uno de los noticiarios más escuchados en la radio en México. Yo acepté gustoso y, tras un par de entrevistas en otros medios, salimos hacia Birmingham, Inglaterra. Fue un viaje muy peculiar y distinto de los demás; el campeonato abarcaba todas las discapacidades físicas y motoras, por lo que la delegación era mucho más numerosa que en las ocasiones en las que viajamos sólo los amputados. Si en los eventos anteriores sentí una responsabilidad muy grande por portar el uniforme nacional, el compromiso es tres veces más grande en un mundial. Pero yo estaba determinado a entregar mi mejor esfuerzo en la pista.

Nos hospedamos en unos edificios donde se alojan los universitarios. Lucía Quiroz nos indicó que nos relajáramos un poco, tomáramos un baño y bajáramos a trotar para "sacar el viaje", como se dice en el argot deportivo. Los ingleses, además de su extrema y evidente puntualidad, no acostumbran tener una comida como la nuestra y sólo comen un sandwich con una manzana verde y un jugo o refresco a mediodía. Por eso, al día siguiente, antes de salir a la pista de entrenamiento, nos dieron una cajita con nuestro sandwich y nuestra manzana. El entrenamiento fue ligero: unas cuantas repeticiones y practicamos la salida desde el block para afinar detalles antes de la competencia. Un paseo por la ciudad nos ayudó a elevar nuestra motivación y combatir la ansiedad. A las 7:30 en punto estábamos cenando uno de los cinco platillos que nos sirvieron en los más de 15 días de estancia en ese lugar, para después ir a descansar. Al día siguiente nos despertaron a las seis de la mañana con golpes en las puertas de los cuartos, ya que, supuestamente por órdenes del presidente de la federación, debíamos entrenar a esa hora como castigo por no estar en el hotel durante la tarde anterior. A regañadientes nos levantamos una hora y media antes de lo programado por la entrenadora y fuimos a trotar al parque ubicado entre los edificios. Al final de la sesión hablamos con Lucía y le preguntamos por qué se había cambiado el programa. Afortunadamente, Lucía comprendió que ella era la entrenadora y estaba a cargo de decidir lo que su equipo hacía o no, y que la función del presidente de la federación era proporcionarnos las condiciones necesarias para nuestro óptimo desempeño. A partir de ese momento, así fue.

Por fin llegó el momento de cumplir con el compromiso que había adquirido con mi país y conmigo mismo. La playera era blanca con la palabra "México" en rojo, justo en el pecho, y que nosotros mismos habíamos mandado a hacer para la ocasión. El número 1435 en el pecho y lycras en color verde con vivos laterales color blanco. Marlo había llegado dos días antes y ya se había encargado de poner mi cheetah justo en su punto: alineación, picos, manga de sujeción… todo estaba en su sitio. Su cámara fotográfica estaba lista para captar los momentos más relevantes de la carrera. Me sentía muy animado y sólo pensaba en presentarme en la primera eliminatoria para constatar el resultado de mi trabajo durante los años anteriores. El objetivo era la final de los 200 metros planos del campeonato mundial del Comité Paralímpico Internacional. Primero fue la prueba de los 100 metros, en la que estaban inscritos los mejores atletas del mundo; de hecho, sólo aquellos que habían logrado dar las marcas requeridas pudieron inscribirse después de superar una eliminatoria en su país de origen, además de tener la calidad y forma atlética necesarias. Aun así, éramos más de cuarenta y la mayoría tendría que ser eliminada para que, al final, compitieran los ocho mejores del mundo. Primero fue la ronda de preliminares para calificar a la semifinal. Aunque mi prueba fuerte eran los 200 metros, quería colocarme lo mejor posible en los 100 metros y prepararme para mi prueba. Logré pasar a las semifinales pero no logré llegar a la final y me coloqué en el lugar número 11 del mundo, nada mal. Sin embargo, tenía muy presente que eso era sólo el principio y que debía estar dentro de los diez mejores del mundo en mi prueba. De no ser así, sería un grave fracaso para mí.

Durante los días anteriores había transmitido para el noticiero Monitor en mi debut como enviado especial de la sección de deportes, una experiencia por demás interesante, pero el día de la competencia hice a un lado mi labor periodística y me concentré en la prueba. Pasé al calling room para registrarme y recibir mi hit eliminatorio. Después, salí a la pista y me coloque tras el block de salida como en las ocasiones anteriores, sólo que esta vez debía correr con estrategia para no forzarme demasiado pero dar lo suficiente para colocarme en la final. En una competencia de atletismo como ésta, lo normal es que califiquen los dos primeros lugares de cada hit y los mejores terceros para conformar la semifinal; es decir que en las categorías de amputados se compite con las mismas reglas que en la federación internacional de atletismo.

Una vez dado el disparo de salida, corrí hasta colocarme en segundo lugar y mantuve el ritmo para conservarlo hasta cruzar la meta. De inmediato me dirigí a descansar y rehidratarme, ya que la semifinal vendría por la tarde y sería una prueba más difícil. Comí algo ligero y dormí un poco antes de regresar al calling room para registrarme nuevamente y recibir mi hit y carril. Esta vez me tocó con gente conocida; entre ellos, el australiano Brad Thomas, quien se perfilaba como el más fuerte y era favorito para obtener una medalla. También estaba mi amigo Rob de Canadá, a quien apenas saludé. Ambos estábamos concentrados porque sabíamos que la lucha por calificar estaba entre nosotros dos, pero la competencia entre nosotros era positiva porque nos forzaría a tener una buena marca para que ambos pasáramos a la final. Otros dos competidores eran franceses y uno más era inglés.

Sonó el disparo y el australiano nos rebasó, pero Rob y yo nos dispusimos a no dejarlo escaparse tan fácilmente y nos adelantamos un poco a los demás competidores. No podíamos aflojar ni un poco porque otros dos estaban muy cerca de nosotros. Salimos de la curva y Rob tenía una ligera ventaja; de hecho, esta escena está plasmada en una gran fotografía exhibida en el laboratorio protésico de Marlo en Guadalajara y que fue tomada por él mismo. Lo que yo debía hacer era mantener mi ventaja sobre los competidores franceses e ingleses que venían tras de mí, y no dejar escapar a Rob; por el contrario, debía presionarlo para que lograra una buena marca y que, aun en tercer lugar, yo calificara para la final. Terminé la semifinal en tercero, muy cerca de Rob y, como uno de los mejores terceros, aseguré mi lugar en la final. Contento con el resultado pero más comprometido que nunca, me retire a descansar para estar en las mejores condiciones posibles para enfrentar la final al siguiente día.

Ese día, tras un breve pero efectivo enlace a México con Miguel Aguirre Castellanos para comentar lo más relevante del campeonato, me dirigí al Birmingham Alexander Stadium para enfrentar la última de mis pruebas. Marlo estaba listo para capturar los momentos importantes con su cámara y seguramente estaba emocionado, pues aquello también era reflejo de su eterno ímpetu por mejorar profesionalmente, lo que me había proporcionado el soporte técnico que requería para estar en esa final. Al llegar al tan citado calling room me encontré con la grata sorpresa de que David Barrillo, mi buen amigo español, se había colado también en la final. A David lo había conocido en el abierto europeo en Madrid y desde entonces nos hicimos amigos, tal vez por compartir experiencias y hablar el mismo idioma, pero yo creo que también coincidíamos en el sentir de la vida. Él era mucho más alto que yo y también era rápido en los 200 metros, así que era un rival más que se sumaba a Fuller y Thomas de Australia, Brian y Shirley de Estados Unidos, Dominique de Francia y Robert de Canadá. Todos ellos contaban con más experiencia que nosotros. En el calling room nadie habla, nadie se mira, cada uno de los competidores se dedica a concentrarse y controlar los nervios, aunque eso es imposible en una final. Las piernas parecen no estar listas pese al calentamiento anterior; el corazón late disparejo a ratos y después parece detenerse por unos segundos, tal como lo estoy sintiendo ahora que lo revivo para escribirlo, con el nudo en el estómago que parece estorbar el paso de la saliva. De pronto, llegó una voluntaria y dijo:

–Two hundred meters T44 final.

Ése era el llamado para que ocupáramos nuestros carriles. Yo iría por el 7, donde me coloqué para acomodar el block de salida a mi medida. Sólo escuchaba las respiraciones de preparación de los demás competidores y la mía… últimos preparativos antes de escuchar la que para mí es una célebre frase, la misma de aquella vez en Australia:

–On your marks.

La hora había llegado. En menos de 30 segundos, la carrera habría terminado y con ello cumpliría uno más de mis sueños. Respire profundo un par de veces y me coloqué en posición, con la mirada hacia delante. Deje de escuchar las respiraciones de los demás y sólo sentía que mi corazón aumentaba su ritmo a cada segundo.

–Set

Salí disparado. De momento no veía a los demás competidores, con excepción de David por la compensación de la curva, pero sentía las pisadas y la respiración de todos ellos. Conforme transcurría la curva, los favoritos se me acercaban más y más, y yo comenzaba a dar el alma en cada paso para impedir que me alcanzaran mientras yo emparejaba a David. Todo mi esfuerzo estaba puesto en cada uno de mis movimientos, pero en esta ocasión no fueron suficientes: salimos hacia la recta y ya estaban ligeramente delante de mí, pero no sabía lo que podría pasar así que yo me aferré a la pista y seguí corriendo y sudando abundantemente para no alejarme de ellos. La meta me alcanzó y, con ello, logré mi mejor marca. Obtuve el séptimo lugar mundial. Estaba contento, pero no satisfecho; a pesar de que mi meta era estar dentro de los ocho mejores del mundo y que lo había logrado el sueño era lograr ser el mejor. Quienes ganaron la competencia tenían mucho más experiencia que yo, aunque en dedicación y el esfuerzo estábamos empatados, incluso en la tecnología de nuestras prótesis. Los resultados en la balanza de la realidad eran sumamente positivos, sobre todo porque nuestro país no se distingue por sus corredores de velocidad. En esa época, Ana Guevara todavía era promesa y le faltaban varios años para coronarse como campeona del mundo. David y yo nos felicitamos mutuamente y nos tomamos una foto juntos. Lucía y Marlo también estaban contentos. Siendo realistas, habíamos cumplido cabalmente con las expectativas planteadas antes del viaje y para lo que me había preparado. Sólo faltaba cumplir un sueño más: el relevo mexicano.

Por primera vez, México tenía cuatro amputados registrados en un campeonato internacional. Teníamos la gran oportunidad de representar a nuestro país en el relevo de 4x100 y demostrar que éramos corredores a la altura de los mejores del mundo. Nos preparamos tanto como pudimos. Lucía nos explicó todo lo necesario unas semanas antes de salir de México, durante nuestra concentración, pero la situación no era nada fácil pues el reglamento de los relevos en nuestras categorías combina amputados de brazo con pierna y los relevos pueden ser integrados hasta por tres amputados de miembro superior en cada país. Casi todos hacen eso, pero nosotros lo corrimos exactamente al revés. Partimos con el ánimo muy en alto y orgullosos de portar los colores nacionales en nuestros uniformes de carrera. Incluso Marlo y su rival profesional, que estaba también presente y que era el protesista de Josué y a Esteban, comprendieron que la competencia era sólo en la pista y de forma deportiva pero que, al final, todos estábamos en el mismo barco. Corrimos felices y plenos; disfrutamos cada momento de la carrera pero sin descuidar nuestro rendimiento. En verdad dejamos toda nuestra esencia sobre la pista. El resultado no nos fue tan favorable en el tablero de posiciones, pues no pudimos calificar a la final, pero, eso sí, se había dejado constancia de que los mexicanos se acercaban cada vez más a los países más avanzados en cuestión de prótesis y sólo se necesitaba tiempo y apoyo tanto de las autoridades como de la iniciativa privada.

Como compensación a nuestro esfuerzo, al término de los juegos nos fuimos a conocer la ciudad de Londres, capital del Reino Unido, que se encontraba a tan solo dos horas de Birmingham. Hicimos el recorrido en un tren que viajaba a no menos de 300 km por hora. Al llegar a Londres, caminamos desde la estación del tren hasta el centro de la ciudad, en una caminata larga pero fascinante; recorrimos un buen tramo del río Támesis y conocimos el Big Ben, el palacio de Buckingham y muchos lugares más en esta fascinante ciudad.

Ya en México, regresé a mis actividades del servicio social pero sólo por unos días, ya que el ciclo escolar estaba por terminar y, con él, mi servicio social. Era un momento muy difícil para mí pues era necesario tomar decisiones importantes, como seguir en el deporte para llegar a los juegos paraolímpicos o comenzar mi carrera como fisioterapeuta y dedicarme a ella. Mientras tanto, entrenaba por la mañana y trabajaba por la tarde en un hospital de beneficencia a donde fui invitado por mi amigo Andrés Rosas. Así transcurrieron varios meses, hasta que llegaron los siguientes juegos nacionales, en los cuales no participé por un problema personal a cuya solución tuve que dedicarme enteramente; sin embargo, sí estuve presenté en el preselectivo en Saltillo, Coahuila, para integrar una preselección. Ahora le dedicaba más tiempo a mi carrera profesional y mi rendimiento no era ya el mismo, por lo que estuve en desventaja con mis competidores más cercanos, Gilberto y Josué. Sólo corrí los 100 metros planos y ésa fue la primera vez que no obtuve el primer lugar en un campeonato nacional. Delante de mí entraron Josué y Gilberto, en ese orden. Fui por mis cosas de muy mal humor, porque obviamente no me gustó haber perdido mi primera carrera, y guardé la medalla en la maleta mientras soportaba los comentarios de un par de personas sorprendidas porque no había llegado en primer lugar. Tomé mi maleta y me la puse al hombro para salir de la pista lo más pronto posible. Me acompañaba Gilberto, quien también estaba enojado por el resultado. Buscamos un lugar para descansar y comer pues, después de todo, éramos rivales en la pista pero amigos fuera de ella y compartíamos una derrota que, en su caso, yo no comprendía muy bien: ¡Me había ganado! Pero llamó a su esposa desde un teléfono público para darle la noticia:

–¿Flor?... ¿Cómo estás? –preguntó–. ¿Qué crees? Te tengo una buena y una mala... por fin le gane a Salvador, pero nos chingó el Josué...

Comprendí entonces que él estaba enojado porque, a pesar de haber entrado primero que yo, no pudo colgarse la medalla de oro de un campeonato nacional.

Resultaba inevitable que mi mente comenzara con las ideas contradictorias entre dejar el deporte y dedicarme más a mi profesión, o de plano dedicarme de nuevo al deporte como el año anterior para regresar a mi óptima condición física. Pero, en esa época, la beca que la CONADE ofrecía a los deportistas discapacitados era de $600 pesos, que alcanzaban exactamente para los pasajes y un par de jugos al mes. Equivalía a lo que yo ganaba por una semana de trabajo, así que regresé a trabajar y continué la doble rutina. El siguiente campeonato mundial sería organizado por la federación internacional de nuestro deporte y tendría lugar en la ciudad de Barcelona, en España. Mientras esto sucedía, yo daba exhibiciones de carrera con prótesis en los cursos, conferencias y congresos donde Marlo se presentaba. En una de ella viajé a Chetumal, Quintana Roo, invitado por los señores Pech, que son protesistas. Impartí la conferencia en el centro de rehabilitación del DIF Chetumal y después hice una breve exhibición de carrera. Me regresé en camión y, a la mitad del recorrido, el conductor del autobús se detuvo para que los pasajeros nos estiráramos un poco y comiéramos algo. Bajé del autobús para comprar un refrigerio y lo consumí mientras caminaba un poco por la calle. De pronto, observé que se cerraba la puerta del camión, así que decidí acercarme un poco para ver qué sucedía pues aún no trascurría el tiempo que le conductor había marcado para la parada. Entonces, el autobús comenzó a moverse lentamente. Me di cuenta de que, por alguna razón, el conductor había decidido reanudar el viaje y seguramente no se había percatado de mi ausencia, así que corrí casi como si estuviera en una competencia. Sólo así pude alcanzarlo y colocarme a un lado de su ventanilla para pedirle que se detuviera por mí. ¡Vaya susto! Hubiera tenido que esperar que otro autobús se detuviera y quisiera llevarme a Mérida. Además, mi cheetah estaba abordo y eso sí que hubiese sido muy grave. Sin embargo, gracias a mi capacidad para correr a esa velocidad, sólo fue un susto.

En este período sucedió un cambio en la federación de silla de ruedas y, con ello, la salida de Lucía Quiroz. Al mando de la selección nacional quedó Rubén Darío. Pronto llegó el aviso de que debíamos asistir al selectivo definitivo para integrar una selección que participaría en el campeonato mundial de la ISOD en Barcelona. El selectivo nuevamente fue en Mérida. Esta vez, como ya era costumbre, los 100 metros era la prueba que abría la jornada, nuevamente en presencia del Gobernador Víctor Cervera Pacheco. La carrera fue muy emocionante, pues yo venía de haber quedado en tercero en Saltillo, y Gilberto y Josué habían trabajado con toda intensidad para ganarme otra vez. Los primeros 50 metros fueron completamente parejos y no se sabía quién de los tres entraría en primer lugar, sin embargo, en los últimos 10 metros, Gilberto se despegó un poco y nosotros entramos justo detrás de él. El fotofinish dictaminó el orden de entrada: Gilberto fue primero, Josué entró en segundo y yo repetía ese tercer lugar que tanto me había disgustado en Saltillo. Esta vez el sentimiento fue diferente y pues tomé las cosas con más entereza y con la conciencia tranquila de saber que, si no entré en primer lugar, fue porque ellos estaban trabajando lo que yo no trabajaba. Sin embargo, las competencias fueron tan cerradas en este evento que los tres dimos la marca para calificar al mundial.

Comenzamos a entrenar en el tartán de Villa Olímpica para preparar lo mejor posible el campeonato; yo debía esforzarme más debido a que había perdido condición en los últimos meses por mi desempeño como fisioterapeuta, así que redoblé mis esfuerzos para no mermar mi trabajo, ni en la pista ni en el hospital. Ésa era una lucha quizá más terrible que la que enfrentaba en la pista, pues sucedía dentro de mí y me hacía pensar en retirarme del deporte para comenzar a despegar como profesionista. Además, consideraba que, para ambas cosas, tenía las cualidades para destacar y cada una tenía ventajas y desventajas. Quizá la única diferencia relevante, y que era la que más me hacía ruido en la cabeza, era que el deporte es temporal y la profesión era para toda la vida. Es posible que les suceda lo mismo a otros deportistas y sea uno de los problemas que afectan al deporte mexicano en cuanto a que no se dan los resultados que todos esperamos. Y no por pretender hacerse millonario a través del deporte ni que éste sea el medio para vivir entre lujos, pero al menos no se debe vivir con carencias como lo hace la mayoría. La gente a veces me pregunta por qué los deportistas paraolímpicos ganan más competencias que los convencionales, a pesar de que recibimos mucho menos apoyo. Mi respuesta es que nosotros tenemos la fortuna de saber el verdadero valor de la vida y no nos doblegamos tan fácil ante la adversidad. De hecho, ya somos triunfadores desde el momento en que superamos nuestra situación física. Además, muchos de nosotros ya sabemos por experiencia propia que el mañana no está asegurado y sólo cuenta lo que hacemos hoy.

Volamos a Barcelona, ciudad olímpica donde se respiran aires diferentes incluso que en Madrid, bañada por el Mar Mediterráneo y envuelta en recuerdos de los juegos olímpicos y paraolímpicos de 1996. El video que yo había visto de Dennis Oheler fue grabado precisamente en esos juegos.

En la competencia estaba inscrito en la prueba de los 200 metros, debido a que no había tantos competidores como en Inglaterra y sólo hubo semifinales, que pasé sin ningún problema. En la final parecía abrirse la oportunidad de mejorar lo del año anterior. Corrí por el segundo carril, lo que me dio la ventaja de ver a mis compañeros y tratar de alcanzarlos lo más pronto posible, pero, para mi desgracia, la válvula de escape de mi prótesis se rompió justo antes de salir de la curva y ya no pude seguir acelerando; por el contrario, bajé la velocidad para evitar que se saliera y sólo seguí adelante para terminar la prueba. Crucé la meta en penúltimo lugar, cuando debí haber luchado por una medalla. Así es el deporte y más en las pruebas de velocidad, donde no hay tiempo para corregir errores o accidentes como ése, mas no podía permitir que la tristeza se apoderada de mí pues aún faltaba el relevo de 4x400 en el que estábamos inscritos y sería un poco más tarde. Así que, después de mis cinco minutos de berrinche, me dediqué a buscar quién me pudiera prestar una válvula sólo para la carrera. La encontré en una norteamericana que ya había corrido y que usaba el mismo tipo de prótesis que yo. Coloqué la válvula a mi cheetah y regresé a la pista para el relevo. Como el año anterior, la ventaja era para los demás países por utilizar amputados de brazo y nosotros sólo de pierna, pero aún así lo corrimos con la frente muy en alto, pues lo que importaba era que México se colocara entre los países que, por tradición, participaran en los relevos, sobre todo el 4x400 que es el que cierra las competencias. El campeonato terminó, pero antes recibí la noticia de que el comité organizador del codiciado campeonato Paralimpic Revival, que organizaba cada dos años la compañía alemana de implementos para personas con discapacidad Otto Block y que invitaba sólo a los ocho mejores atletas del mundo en cada especialidad, me había incluido en la lista de invitados para los 200 metros. Sin importar que en este campeonato no hubiese tenido suerte, se me estaba reconociendo el trabajo de varios años y el séptimo lugar del campeonato mundial anterior. Estaba invitado a la fiesta de los mejores del mundo y sería apenas un mes después. Desde luego, este suceso aplazó mi decisión de retirarme.

De vuelta en México no contaba con mucho tiempo, pues tenía que trabajar muy duro en el hospital si quería que Andrés no se opusiera a que lo dejara solo con el trabajo por otra semana, a tan solo tres de haber llegado de España. Además, tenía un par de pacientes privados que continuarían con su rehabilitación en casa, así que, después de entrenar, me dirigía a trabajar. Apenas tenía tiempo para descansar y comer lo suficiente para soportar las cargas de trabajo; me era muy difícil sostener ese ritmo de vida pero estaba comprometido con ambas partes y no podía quedar mal en ninguna de ellas. No tenía elección: o lo soportaba o lo soportaba. Imposible no era, así que tres semanas después viajé a Alemania. Los Paralimpic Revival se celebraban en una pequeña ciudad de nombre Dudersthat, que no teníamos ni idea de dónde se encontraba y no aparecía en los mapas, por lo que ahí empezó la aventura de lo que fue el más emocionante de mis viajes. Los organizadores nos recogerían en el aeropuerto de Frankfurt para trasladarnos a Dudersthat, pero la CONADE había investigado cómo llegar hasta esa ciudad en avión. En Frankfurt trasbordamos a una pequeña aeronave para 14 pasajeros. Era una especie de transporte colectivo que circulaba alrededor de Frankfurt y hacía escala en las pequeñas ciudades aledañas, como si de la ciudad de México saliera un avioncito que cubriera una ruta México–Cuernavaca–Toluca–Pachuca–Puebla–México. Llegamos a una de las ciudades de escala y bajamos de la pequeña aeronave, pero nadie parecía conocer Dudersthat; sólo un taxista nos dijo que la única manera de llegar era por tren. Subimos al taxi Mercedes Benz y nos dirigimos a la estación del tren. Había poca gente, nosotros no sabíamos a dónde llegar ni hablábamos alemán, por lo que no podíamos preguntar. Alguien, que nos vio tan desorientados y que hablaba un poco de inglés, nos indicó cuál camión podíamos tomar para llegar al centro de la ciudad y de ahí trasladarnos a cualquier otro sitio pues, por ser un campeonato privado y selecto, nadie de la comarca sabía de que hablábamos. Afortunadamente, Darío, en un intento comunicarse con el conductor con lenguaje cavernícola, mencionó la palabra Otto Block y, de inmediato, el conductor se sintió familiarizado. La tercera parte de la

gente productiva de la ciudad trabajaban para esa empresa y el chofer
conocía donde estaba la fábrica, así que tuvo la amabilidad de desviar
un poco la ruta para dejarnos en la puerta de la empresa que, para
esas horas, estaba cerrada. Había un vigilante que no hablaba inglés,
así que volvimos a utilizar el lenguaje cavernícola para decirle que
veníamos al evento, que éramos el equipo mexicano y que estábamos
perdidos. Tomó el teléfono y diez minutos después llegaron dos taxis.
Los conductores sólo preguntaron "¿México?" y nosotros asentimos.
Nos llevaron al hotel correspondiente pero estaba cerrado y nadie
abría. Suena raro, pero es que el hotel estaba a la mitad de las granjas
y supusimos que nadie solía salir ni llegar pasada la media noche. Nos
llevaron entonces a otro hotel, del cual salieron dos de los organizadores
y amigos de competencias anteriores. Nos recibieron muy alegres y,
para nuestro alivio, ellos sí hablaban inglés. Nos alojaron en ese lujoso
hotel para que descansáramos ¡y vaya que lo necesitábamos! Para mí
fue una noche angustiante, divertida y espléndida a la vez.

Al día siguiente nos llevaron a nuestro hotel, que estaba rodeado
de campo y vacas. Se respiraba un aroma muy agradable, los cuartos
eran de estilo campestre y las recepcionistas eran guapísimas y muy
jóvenes, pero con un pequeño gran defecto que descubrimos cuando
solicitamos que nos prestaran la cancha de tenis y unas raquetas. Muy
caballerosos, acompañamos a una de ellas al cuarto donde guardaban
los accesorios para jugar y, cuando levantó los brazos para bajar las
raquetas, comprendimos por qué estaba soltera. Recibimos un golpe
certero a nuestro sentido del olfato que nos quitó hasta el habla y, por
poco, también las ganas de jugar tenis. Definitivamente perdimos las
ganas de acercarnos a ellas a menos de un metro de distancia.

Asistimos a la cena de bienvenida y ahí nos encontramos con la
sorpresa de que Humberto sí había seguido las instrucciones de avisar
de su llegada a Frankfurt, por lo que fue recibido en el aeropuerto y
trasladado hasta el sitio en automóvil. El equipo estaba completo.

El campeonato consistía en pocas pruebas y con sólo ocho
atletas por prueba, así que duraba únicamente dos días. Iniciamos al
siguiente día y me coloqué en sexto lugar en los 200 metros; después,
me dediqué a apoyar a mis compañeros y meditar sobre lo que haría
al llegar a México. Además de ser una competencia, era un privilegio
para quienes habíamos trabajado para estar entre los primeros ocho del
mundo. Incluso había puestos de hamburguesas y salchichas asadas,
especialidad alemana, en donde nos llenaban el plato con solo mostrar
nuestra acreditación.

El segundo día de competencia fue para las pruebas de 400 metros y los relevos, sólo que esta vez los relevos no eran oficiales y se consideraban como competencia amistosa, así que los equipos se conformaban con amigos de diferentes países. Yo corrí al lado de Gilberto y Albert Reed de Estados Unidos, amputado por arriba de rodilla, que era una persona de lo más amistosa y con quien habíamos coincidido competencia tras competencia desde San Diego.

Entonces me sucedió la cosa más simpática de mi carrera como atleta y que, por fortuna, sucedió en un relevo amistoso que sólo tenía como objetivo la diversión de los propios atletas y del público; de lo contrario, hubiese sido el chasco más grande de mi carrera. Resulta que antes de iniciar los relevos, nos divertíamos un poco en la pista. Recibimos la orden de colocarnos en nuestro carril y yo peleaba porque se me pusiera un block de salida; por fin lo tuve, lo acomodé y sonó la palabra ya conocida por ustedes... exacto: "on your marks". Una vez colocado, intenté recordar de qué lado me había pedido Albert Reed le diera la estafeta, cuando me di cuenta de que no tenía estafeta… ¡entre el relajo y la solicitud de mi block, había olvidado tomarla! Me paré de inmediato y levanté la mano para pedir que todos se detuvieran. El juez dijo:

–Everybody, stand up (todos de pie).

–¿What happened? (¿Qué sucede?) –me preguntó un oficial.

–I don't have the post (no tengo la estafeta) –contesté.

Propios y extraños sonrieron inevitablemente, pues estuve a un segundo de salir al relevo sin estafeta por entregar a mi compañero, ¡estaba descalificado antes de correr! Por fortuna, me di cuenta a tiempo y el oficial, muerto de risa, me la entregó. Fue una suerte que el suceso no se hubiera incluido en el video que se proyectó en la cena de clausura, que fue también muy divertida, llena de champaña y jugo de naranja con un suculento banquete.

A la CONADE le salía más barato mantenernos en Alemania que hacernos volver pronto, así que estuvimos allá cuatro días más. Siendo muy sincero, lo agradecimos de todo corazón. Regresamos a Frankfurt y lo recorrimos todo el mismo día, pues es una ciudad muy pequeña. Había un tren que salía a las 21:30 horas a París y que llegaba a la Ciudad Luz a la 8 de la mañana. Teníamos la opción de quedarnos en la ciudad que ya conocíamos por completo y descansar cómodamente, o viajar toda la noche en el tren para amanecer en París. Adivinaron: viajamos de noche y amanecimos en París.

Caminamos por las calles de Paris, desde la estación de ferrocarril hasta el museo de Louvre, sacamos las fotos de rigor y nos enfilamos a la calle Champs Elisees, que recorrimos hasta llegar al Arco del Triunfo. Lo mismo había hecho en mi vida. Había superado ya lo del accidente y me había dispuesto a vivir plenamente, sin complejos ni limitaciones. Lo estaba logrando ¡y de qué manera! Nada está tan lejos como para no aspirar a alcanzarlo algún día. De pronto, la vi: ahí estaba la famosa y esplendorosa Torre Eiffel. Me senté para contemplarla y reflexionar. Trece años antes, la vida me había arrancado de las manos los sueños de ser futbolista profesional. En aquel entonces, pensé que también había perdido la vida misma. Mis complejos anularon mi facultad de gozo, pero todo había cambiado y ahora disfrutaba de las oportunidades que se me ofrecían conforme me esforzaba por superar metas. Tenía que agradecer a Dios y a la vida por permitirme estar ahí y contemplar la Torre Eiffel.

Subimos la mitad de la torre por las escaleras, ya que el boleto por el elevador era más caro y nuestro presupuesto era limitado. De hecho, después de recorrer un poco más la ciudad, regresamos a la torre para buscar alojarnos como algunos turistas: en los campos aledaños a ella. Después de jugar una cascarita de fútbol con unos franceses en los jardines del Campo Marte, nos instalamos para pernoctar ahí mismo. De día me había sorprendido la majestuosidad de la torre, pero de noche fue aun mejor, pues el alumbrado desde la base hasta la punta la hacía lucir increíble y decidimos subir de nuevo, para apreciar la Ciudad Luz encendida.

El frío de las dos de la mañana era insoportable, así que buscamos un lugar más acogedor: un rincón formado por la pared de la taquilla y una de las bases de la torre, donde el aire no penetraba tanto bajo nuestras chamarras y las ligeras cobijas que habíamos conseguido en el avión.

CAPÍTULO 18

A triunfar en la vida

Recordar ese viaje es volver a disfrutarlo. Quizá fue el que más gocé y el último como seleccionado nacional. Durante el vuelo de regreso, continué mis reflexiones acerca de lo que debía hacer con mi vida. Recordaba las palabras de mi amigo José Antonio Cazares cuando, mucho más pronto que yo, se encontró en la disyuntiva de seguir en el deporte o continuar con su carrera profesional. En aquel entonces, me dijo:

–Nada me ha dado más orgullo que vestir un uniforme nacional y representar a mi país en un campeonato. Ganar una medalla es una satisfacción muy grande, pero que no les da de comer a mis hijas. No puedo llegar al supermercado y pagar con medallas o con orgullo las necesidades de mis hijas.

En esa época no me había percatado de la trascendencia que sus palabras tendrían en mí. Tenía mucha razón, y tuve el tiempo suficiente para darme cuenta de que el deporte en México sólo es un paso que puede ayudar a superar muchas metas y a cumplir sueños. A mí ya me había ayudado para que yo cumpliera gran parte de mis más ambiciosos sueños. Ahora era tiempo de trabajar en mi profesión y comenzar a crecer en ella. Además, cuando me inicié en el deporte, sólo debía trazar mis propias metas pero, para este momento, yo ya tenía dos de mis tres hijos y me necesitaban, así que tomé la determinación de retirarme del deporte como un atleta que había entregado lo mejor de sí y que siempre había procurado poner el nombre de México en alto. Ahora tenía que tomar mi propio rumbo y desarrollarme como profesionista.

Los tiempos de frustración y de temor al rechazo habían quedado atrás y, durante estos últimos años, sólo había disfrutado de los placeres que la vida me ofrecía. Hoy soy un hombre con responsabilidades profesionales y personales, ocupado en superar los retos diarios y con el propósito de alcanzar las metas que cualquier persona debe tener en mente, a través de la superación de adversidades, de resolver problemas y de tomar decisiones que marcan mi rumbo. A casi 20 años de mi accidente, hoy sé que he superado cada uno de los complejos que algún día José María me hizo ver. Aquel temor de ser rechazado por una mujer, hoy es un sentimiento de ser aceptado y respetado. Sé que cada persona discapacitada en el mundo encontrará, algún día, una pareja que no sólo acepte y entienda su discapacidad, sino que también la ame. Y sentirá que no hay nada que no se pueda lograr. Disfrutará de toda la ternura con una simple caricia en el muñón o en las delgadas piernas descompuestas; se sentirá amada por sus virtudes y por sus defectos. Podrá acariciar y ser acariciada con esa parte de su cuerpo que creyeron que no servía para nada, y que será el puente para sentir un amor verdadero. Agradecerá entonces a la vida y a Dios, como lo hice yo. Pero no debe esperar tanto para hacerlo. Mi experiencia debe servirle para darse cuenta de que el goce de la vida no debe esperar y que es necesario superar todos los complejos, paso a paso y desde el primer día.

No escondan su discapacidad ni permitan que otros lo hagan por ustedes. Por el contrario, presuman a la gente que nada de eso los detendrá. No sientan pena por no tener una pierna o tenerla artificial, por estar en una silla de ruedas o por cualquiera que sea la adversidad que se les presente en la vida. Siéntanse orgullosos y caminen por la vida con la frente en alto, porque han superado un reto que sólo la gente grande puede superar.

No me desprendí por completo del deporte, ya que aún era presidente de la asociación y de la recién formada federación, además de ocupar el cargo de coordinador para Latinoamérica de la ISOD desde hacía tres años. José Antonio era vicepresidente y juntos viajamos nuevamente a los juegos paraolímpicos en Sydney como representantes de los amputados de México en las asambleas y juntas directivas de la federación internacional, además de fungir como enlaces para Latinoamérica. Fue un viaje con diferentes responsabilidades que el primero, pues ya no competía pero aún sentía el sabor de un campeonato y de estar presente en los juegos paraolímpicos, aunque fuera de saco y corbata. Además, recordé con gusto mi primera competencia internacional pues fue en Sydney en donde tomé mi rumbo dentro del atletismo. Ahí sentí por primera vez lo que era ganar una medalla y eso hizo que mi mente se trasladara al pasado. Me percaté de lo cerca y lejos que estaba aquel 16 de noviembre de 1984, cuando subí a ese trolebús. Recordé cómo trascurrieron los primeros diez años después de mi accidente, con complejos y frustraciones pero con una lucha sin cuartel para salir adelante a pesar de ello. No sé cuándo fui más fuerte: si en esos primeros años por soportarlo todo y seguir aferrado al gusto por la vida, o después, cuando me di cuenta de que había estado luchando contra un complejo con bases falsas, contra fantasmas que sólo eran producto de mi imaginación. Cuando descubrí, aquella tarde en Guadalajara, que ninguno de mis sueños era imposible. Que "imposible sería lograr algo que jamás se ha intentado y que, si intentamos cumplir un sueño, el único riesgo que corremos es el de lograrlo".

En esa segunda parte de mi vida, cuando renací en la ciudad de Guadalajara a la que hoy considero mi segunda patria, descubrí que la grandeza del hombre no está en su físico, sino en su mente, y que no vale más el que nunca se cae, sino el que siempre se levanta. Hoy sé que nosotros mismos tenemos la capacidad de convertir las tragedias en victorias; que nosotros mismos hacemos los milagros a través de la autoconfianza.

El día de mi accidente le pregunté a Dios "¿por qué a mí?". El día de hoy sé que la respuesta estuvo siempre dentro de mí, que Dios no quería alejarme del deporte y que sólo me puso en el que debía estar. Si en esos momentos de dolor fui capaz de enojarme con Dios, hoy tengo que decirle: gracias por hacerme un amputado, ya que a través de mi amputación logré cumplir muchos de mis sueños. Logré ser una mejor persona, conocí en carne propia el dolor de una desgracia y encontré la magia para hacer de ella una grandiosa aventura. Descubrí dentro de mí al hombre que quería disfrutar de la vida abiertamente, sin complejos ni inhibiciones, y que sólo así pude pasar DE LA FRUSTRACION AL TRIUNFO.

Editorial
Equipovisión

primera edición - 4500 copias - 04/2010

Esta edición fue impresa en los
Estados Unidos de América
en los talleres de

DUMONT Printing
1333 G Street
Fresno, CA 93706